貓頭鷹書房 465

天真的目擊者

二次大戰的孩子們最後的回憶錄

INNOCENT WITNESSES

Childhood Memories of World War II

瑪莉蓮・亞隆◎著

劉卉立◎譯

貓頭鷹

導讀

七個童年與一場戰爭

張亦絢

從幾句摘要開始。一九三八年，希特勒併吞奧地利與部分捷克斯洛伐克：說德語，但被納粹標籤為猶太人的蘇珊，以捷克公民的身分，到英國避難與求學（第六章）。一九四〇年春，德國侵入丹麥與挪威，並揭開占領法國的序幕，剛抵擋完蘇聯入侵的芬蘭也不得歇息，再陷烽火：喜歡編報紙的小記者史蒂娜經歷了兩次遷徙，先到以薩米人為主要居民的拉普蘭，再到瑞典（第五章）。法國分裂為受德軍控制的「被占領區」與法國反抗軍仍活躍的「自由區」，四歲的布里奧特在「自由區」等候被德軍俘虜的父親歸來（第二章），五歲的菲利浦則從法國海外轉而投靠親維琪（通敵政權）的外公家，那是在被占領區盧昂附近的小城（第三章）。一九四一年，日本偷襲珍珠港，美國參戰：九歲的美國移民瑪莉蓮開始節制她對餅乾的想望，幾年後，她才會知道一樣留著辮子的表妹與其家人，葬身集中營（第一章）。

得來不易的二戰書寫

任何單一作者，都很難完成上述跨國跨語系，如此豐富的匯聚。《天真的目擊者》是精心編纂的成果。作者瑪莉蓮．亞隆與其夫婿歐文．亞隆，在台灣擁有眾多讀者，但這本書的性質又更特殊。

台灣讀者有時對歐美二戰書寫有若干誤解。我們往往以為這些文學生產得非常快，且容易得到共鳴。在《逃，生》一書中，本身是「二戰之子」，也是兒童人權與心理學專家的西呂尼克（Cyrulnik）認為，「八〇年代初期，話語的『解凍潮』才出現」，如今我們感覺「家喻戶曉」的普利摩．李維，「遭到許多出版社拒絕〔……〕，一九四七年書出版的當年，總共賣出七百本書。」二〇一七年，根據莒哈斯原著《痛苦》改編的電影《莒哈斯的漫長等待》，對歐洲極力壓抑二戰相關記憶的社會共謀，做出還擊——為什麼到了二〇一七年，電影還在重返二戰記憶？因為遺忘仍在場，記憶必須一再重生。

童年、個人史與比較幸運的孩子們

《天真的目擊者》與禁忌的關係並沒有那麼直接，七段「童年往事」，沒有哪個敘述者經歷過集中營——他們是相對「比較幸運的孩子」——然而，這並非不會造成現身的猶豫：既然比較幸運，我的話語值得聆聽嗎？我立刻會想加以比較的是《美麗與哀愁：第一次世界大戰個人史》與《原子彈掉下來的那一天：三十七個孩子的手記》兩書。

《美麗與哀愁》選了二十二個年齡與職業皆不同，生活在一戰期間的人物敘述，因為作者不想談戰爭的前因後果，而是「戰爭感覺起來的模樣」——這一點，與《天真的目擊者》有異曲同工之妙。《天真的目擊者》以不同作者各自的聲音構成，「童年」更是通常只有當事人才握有鑰匙的祕室，以個人史來說，它更脆弱與不為人知。《原子彈掉下來的那一天》邀約兒童發言，讀者可能預期讀到的是恐懼或悲泣，但最後發現，兒童訴說的遠大於原爆，他們的感受包括對自己在家庭中的角色與對其他人的惦記——換言之，那不只是一個事件，那是「一個世界」。《天真的目擊者》也帶有「給出我的世界」的動人特質，但它是成人自我與兒童自我的協作，還加上了時間沉澱的優點。除了接近口述的臨場感，讀者應也會驚異於諸篇的文學性。

回憶的文學性與轉型正義第二波

回憶不是現成物，它考驗的不只是記性——在它最理想的狀況裡，回憶就如同每個人的指紋般獨一無二，但唯有某些心理素質，如承擔真實的堅毅、接受矛盾的寬宏以及溝通意願，才能使獨特性浮出。換言之，必須付出個性與努力。從書中資訊判斷，《天真的目擊者》其實有一個奮不顧身的編選者，以各種方式挖掘，能對此領域有所貢獻的作品與作者——它還蘊含了將戰後世界納入了解後，對更早前「二戰敘事」的反思與回應。這本書是帶有拓展視野的精選，而非簡單的綜合集結。

戰爭或集中營的倖存者本身即有多樣性——然而，在比較主流的傳播裡，這些多樣性往往未被聚焦，結果造成了若干不幸的誤會：認為以猶太族群為中心的記憶政治，壓縮了對其他同樣受迫害，但嚴重情況不等的族群的認識空間。在最糟的情況下，歐洲也偶有以「起義」姿態抵制大屠殺記憶的事例。儘管我不贊成上述粗暴的態度，但對能更積極澄清誤會，納入差異的敘事性，當然更加贊成。《天真的目擊者》就代表了意識光譜更細緻的「轉型正義第二波」。

在首段提到的那五章裡，都觸及了物資匱乏、分離、喪親等「共相」，但也同時兼及移民、非裔或混血歧視、「國別不等同語別者」等非典「殊相」——二戰期間，在「疏開」主題下，關於兒童因遷徙而擴大文化接觸圈（新城市或新鄉間），進入不同社會合作組織（如各式寄養）等正面經驗，在本書也多有迴響。此已有卓絕的影像作品，如一九七一年出品的《樹林裡的屋子》（*La Maison des bois*）——但在七小時的長片中，還看不到任何女童，《天真的目擊者》做了極大的補白。不過，在這五章中，戰時與平時的均衡性並未被破壞殆盡，我想就此種均衡性遭到更大摧殘的兩個章節，稍作介紹。

出門在外的行動者與基層納粹之子

第七章是唯一有提問協助者出現的敘事，主角有很大的困難進行自述。當年他十五歲，已在匈牙利加入抵抗納粹暴行的祕密行動。脫下被保護者的身分成為保護者，使其不若其他兒童有「天真」的庇護，並暴露在必須機警的極端暴力情境中。他使我們注意到「兒童行動者創傷」——台灣自二二八以來，或是香港的反送中，都存在兒少抵抗者，我們也需有更高的敏感度，認知這個面向。

此外，第四章中，溫福瑞的憶往，不但溯及對美國大兵雷的同性傾慕萌芽，他也不只是「納粹的孩子」。因為不聽母親囑咐，他偷看到作為德國警察的父親趕猶太人上火車的一幕（通常開往集中營）——「天真的目擊者」一語在此，最為苦澀。天真不只在於兒童身分的無辜，也因為「天真」（不聽話本就是兒童天真的表徵），不期然地成為殘酷的證人。

二〇一六年，台灣翻譯出版有《納粹的孩子》，研究對象都是位高權重的納粹子女，其中有緊抱父母納粹遺志的，也有一生都以此為戒為恥者——相較於《納粹的孩子》，溫福瑞描摹了「比較普通」（且數量絕對較為龐大）「基層納粹」之子的經歷，筆法與《納粹的孩子》自有距離的不同。「兒童對遠來客的同性格差戀」，多少令人聯想到呂赫若的〈玉蘭花〉。許多留白，因為作者不任意填滿，而得以兼具開放性與證言性。

兒童與戰爭的今與昔

十八世紀，伏爾泰對歷史的偏狹有過這樣的嘲諷：「高盧人除了國王、大臣與將軍之外，再無其他人了。」我們同樣可以說，戰爭並非「除了總統、將軍與士兵，再無其他人」。透過書寫，賦予世界更具存在感的童年目光，確實是民主深化的進展。事實上，二戰期間，曾受救援的兒童難民，如今頂著蒼蒼白髮，仍在為新的戰爭兒童難民請命——守護兒童的文化傳承下來了。然而，用戰爭以外的手段解決紛爭的政治智慧，似乎還步履蹣跚。這本書裡的生命故事，除了留給我們勇氣，也在在提醒我們，天真目擊者的遺憾與淚光，尚在人間未曾滅。

張亦絢　巴黎第三大學電影暨視聽研究所碩士。著有長篇小說《愛的不久時：南特／巴黎回憶錄》、《永別書》、短篇小說集《性意思史》、《看電影的慾望》、《感情百物》等多種。曾獲金鼎獎最佳專欄寫作獎。國家電影中心《Fa電影欣賞》專欄「想不到的台灣電影」作者。

天真的目擊者：二次大戰的孩子們最後的回憶錄　目次

前言

瑪莉蓮・亞隆是位社群創造者、凝聚者（把大家聚集在一起）和支持者（給予他人支持），她也是一位作家，書寫在她那顆慷慨無私的心中的兩大核心價值：友誼與愛。不論是哪種身分，她都展現出一貫的聆聽之道——全神貫注地仔細聆聽，給予其他人持久不懈的支持，還有一種令人愉悅的淘氣幽默感。這三種特質在她的這本新作裡展露無遺——對於那些純粹透過著作來認識她的讀者而言，《天真的目擊者》或許會出乎他們的意料之外。老實說，我第一眼看到這本書的時候，確實有點吃驚。

瑪莉蓮從年輕到老始終是個活躍的堅定女性主義者。她是史丹佛大學克萊曼性別研究學院的創始者之一，曾擔任院長一職，歷史學家艾狄絲・蓋利斯就評論瑪莉蓮是該院「名副其實的創始人，她在現場實地操辦一切」，一位後任院長狄波拉．羅德，則讚譽她是該學院的「真正領導人」。身為克萊曼性別研究學院院長，瑪莉蓮支持全體女性，也支持個別女性，她邀請訪問學者、籌畫研討會和研究計畫，藉此擴大女性的聲量。

過去數百年，女性主導了法國的沙龍文化，身為仰慕者，瑪莉蓮與詩人黛安．米德布魯克共同主持了一個由舊金山灣區的女性新聞工作者、小說家、詩人、非小說類作家，以及不同領域的學者共同組成的沙龍。男性每年只受邀一次。我還記得瑪莉蓮第一次邀請我參加他們的沙龍聚會那次，我受到的驚嚇（我不會那麼快就忘記），我當時被一首在現場所朗讀的詩歌所打動，而默默地流下了淚水，置身在這群自負的陌生人當中，我的舉措讓我驚恐萬分。但她又邀請了我，我後來出版了一部小說，瑪莉蓮特地舉辦了一場沙龍聚會來慶祝我出書，若她不這麼做，我反而不敢置信，因為這是她對我們當中許多人所給予的許多支持方式之一。矽谷歷史學家暨沙龍女主人萊絲莉．伯林回憶起，當她還是「一個小研究生的時候……，不是在瑪莉蓮任教的系所，也不是鑽研她的研究領域，甚至連研究的世紀都不一樣」，瑪莉蓮卻經常關心她的論文進展如何，後來，「只要我寫的東西被刊登在報章雜誌上，她總是會說些鼓勵或讚美我的話」。出生於德國的作家雷娜特・斯湯達爾曾如此描述沙龍：「就溫暖、親切、知性、文化、社群、寫作（和烘焙！）這些特質而論」，她「從未在歐洲以外的地方……看過一個堪稱為家的地方」。

瑪莉蓮之前的著作也大都以女性為焦點。從她在一九八五年出版了她的處女作《母道、死亡與瘋狂的文學》起，我們單從書名就可以知道那是本探討女性生活的書籍，她的後續作品：《血誓姊妹：女性回憶中的法國大革命》、《乳房的歷史》、《太太的歷史》、《閨蜜》、《受迫的目擊者：女性的法國大革命回憶錄》皆然。

在《女王駕到：西洋棋王后的歷史》一書中，她探討了在西洋棋盤上「皇后」這顆唯一的女性棋子的華麗轉身，它如何從起初一顆最弱小無力的棋子，轉變成棋盤上最有權勢的棋子。這樣的蛻變也反映在瑪麗蓮自己的人生和作品上：這不僅把我們（尤其是女性）連結在一起，也鼓舞了我們。

當然，她的許多舊作與最後的三部作品，如同這本新作一樣，散發出濃厚的歷史氣息。《美國長眠安息之地》，是她與攝影師兒子雷德（Reid）合著的一本書，透過走訪墓園來檢視四百年的美國歷史。《法式愛情》，則帶領讀者展開一趟橫跨數百年的法國文學之旅。《多情之心》則探討了兩千年來人類以心做為隱喻和圖示的演變。

但這本以第一人稱來敘述人們在第二次世界大戰的童年經歷合集呢？為什麼要寫這本書？為什麼選擇在這個時候出版？

在本書的最後一章〈當記憶說話〉裡，瑪莉蓮告訴我們：「我認為，我在二戰結束許多年後提筆寫作本書，是出於一種虧欠感，我終其一生都欠那些代替我受苦的千百萬人。如今，當我看到還有無數人在繼續受苦時，我不由得感到絕望。」

她在這本新作裡，一如既往地展現了她向來在寫作和生活上所表現出來的種種卓越特質：她把各種不同的元素巧妙地匯聚在一起，然後找出其中的關聯性。她運用這些關聯性來進行必要的詮釋和探討。透過探究幾近一個世紀前的往事，她使我們對於身處現今這個世界，生而為人是怎麼回事有了更充分的理解。

這是瑪莉蓮．亞隆的作品，所以不必擔心女性沒有角色：即使在這個通常由男性聲音主導的戰爭文學領域中，她仍然可以在夾縫中找出讓女性經驗發聲的空間。其中三章便出自女性之手，包括了瑪莉蓮自己撰寫的一章。至於男性執筆的篇章，也包含了他們對母親的記憶。

但更重要的是，她也在書中探討了《女王駕到：西洋棋王后的歷史》所要傳達的主旨：轉弱為強。在書中，她透過這些在第二次世界大戰時猶且弱幼的孩童，爾後成長為重要的思想家、教師和領導人的故事，呈現了這種徹底逆轉人生的主題。他們並非完美無缺、不受傷害、沒有弱點，但最終變得強大。

在本書卷首的第一章〈一個受保護者之所見〉中，瑪莉蓮思索她自己成長於華盛頓特區的戰時童年生活，在這裡，「猶太人竟然會成為特定的攻擊目標這種事，從未發生」在她身上。她吃的糖是比平時少了些，卻從未挨餓。她的行為遭到一位老師的質疑，這位老師不認同瑪莉蓮的母親在戰時外出工作——她甚至批評瑪莉蓮是個乏人照顧的孩子，當她日後與歐文．亞隆結縭，經營雙生涯家庭時，這段經歷成了他們在養育四個孩子時的一段可愛序曲。她的「純真」童年歲月直到二戰結束後才破滅，當時她的家族得知她在波蘭的阿姨、姨丈和表妹一家，已經死於集中營。二戰結束後七年，她定居法國，親眼目睹了戰爭所導致的長遠破壞。

菲利浦・馬夏爾在五歲大的時候，他的父親因為感染副傷寒病逝，沒多久，他們在戰爭前夕舉家從法屬索馬利蘭的吉布地市搬回法國，與定居在諾曼第的外祖父母同住。他在〈德國占領區：諾曼第的刺骨寒冬〉中，描寫了他當時在昂代爾河畔弗勒里的戰時生活，這裡靠近盧昂，這座城市遭到盟軍的猛烈轟炸，幾乎被夷為平地。他們的住家被德軍占據，而遭到大肆毀壞。他就在飢寒交迫中成長。他的母親使用燃燒過後的木頭灰燼當作肥皂。我們當中任何為人父母者若讓自己的兒女經歷和他一樣的童年，都會為此而感到心痛——但有鑑於其他人在大屠殺的經歷，他反而為提及自己的遭遇而感到歉疚。

本書許多篇章都體現了這個主旨：相較於其他人的劫難，我經歷的患難根本不算什麼。我的任務是把我的苦難轉化成一條拯救之道，以便將來能拯救其他人而不要再重蹈當時的覆轍——犧牲了本應被拯救卻未獲救的其他人。

「在我五歲末的時候，」史蒂娜・卡查杜里安說道，「我知道有兩件事是確定無疑的：只要我看到媽媽努妮伏在桌上寫信，爸爸就還活著。」還有，晴朗無雲的白天意味夜晚的轟炸。她的母親為了支援芬蘭的戰備，用婚戒換得了一只普通的鑄鐵戒指，她「終生」戴著這只戒指，「彷彿那是一枚榮譽勳章」。卡查杜里安的故事在〈對抗兩個敵國〉中娓娓道來；當她的父親在前線指揮軍隊作戰時，她的母親則在「被德國和蘇聯兩大強權傾軋」的國土上，守護家人的安全。她如何在戰時的臨時居所結交朋友，是這本合集中最迷人的精采故事，她描述了在她即將返回老家時，她的老師和同學們如何為她送行。

這是另一條故事支線，貫穿於本書的許多篇章中：離家是怎麼回事？

蘇珊．葛羅格．貝爾在路德教派的教會中受洗，卻被德國的法律視為猶太人，不得不放棄在捷克的優渥上流生活，逃往英國。她偕同母親先行離開，堅信她的父親隨後會跟上與他們母女團聚。在〈流亡海外〉一章中，她寫到了當她的父親帶著她的小狗站在火車站月台上目送他們離開時，她興奮地向爸爸揮舞著雙手，但父女倆卻從此天人永隔。她經歷了一段充滿挑戰的艱辛戰時歲月，她和母親在英國展開新生活，她的母親後來在一戶英國人家幫傭，而她則過著與母親分隔兩地的生活。貝爾是個好學生，一直在努力尋找一個合適的學習場所。她最終找到了一所捷克難民學校安頓下來，並在戰後與同學一起回到了自己的祖國。她的歸鄉之路並不順利，回到英格蘭她母親身邊的過程也困難多多。

當你返家發現，家已不再是家，你沒有了地方可以安頓自己，沒有地方是你想像中該有的樣子，離家到底是怎麼回事呢？

而且，究竟是哪種社會才會在這種時刻或在其他任何時候，**選擇**讓一個孩子與自己的母親分開？

〈戰爭機器內部〉是本書最扣人心弦的故事之一——也是最令人不安的一章。溫福瑞．魏斯的父親是納粹德國時期的秩序警察，也就是納粹親衛隊轄下「綠衣警察」的成員，在二戰期間，魏斯飽受一個他無意間聽到的恐怖故事所困擾，這個故事講述了「一群猶太人」綁架基督徒兒童後將其殺害，大家後來在「一間遵行猶太潔食規範的肉鋪」裡發現了這些「幼小的屍體」，他們「就像被宰殺的豬牛用肉鈎吊掛起來」。不過，戰爭結束只是故事的前半段而已。「逮捕我們的行動很快就來了；這一刻我們還是希勒特第三帝國的公民，到了下一刻我們就隸屬於一個新世界。」他寫道，「美軍靜悄悄地迅速穿過庭院，把我們團團圍住。」

瑪莉蓮小心翼翼地把魏斯的故事呈現在我們眼前，藉此告訴我們，儘管這世上邪惡張狂，陷我們所有人於苦難中，但即使是我們當中最邪惡之人的孩子，起初也是純真無邪的孩童。

歐文．亞隆與羅伯特．伯格在〈逃出尼拉斯黨魔掌〉一章裡的對談，探討了兩個男人間的一段友誼，兩人都刻意避談那段關於大屠殺的往事，因為那是他們生命中無法承受之痛，直到發生了一件事，才又喚起了伯格對往事的記憶。他當時十三歲，是住在匈牙利的猶太人，他在一次圍捕猶太人社區的行動中，偽裝成非猶太人成功逃離了被送往集中營的命運，而從此過著孤身一人的生活。他在十五歲的時候，遭到了一個尼拉斯黨人的拘捕——尼拉斯黨是匈牙利的納粹組織之一，「他們是武裝暴徒組成的民兵組織，他們在街道上圍捕猶太人，不是就地殺了他們，就是把他們帶回派對屋，進行凌虐和屠殺」。

在這個故事中，我們看到了我們的所作所為或是無能為力，對我們的生命造成了多麼沉重的負擔。我們還是孩子的事實並不會把我們從為了要活下去，或是從倖存下來的罪惡感中，救贖出來。

在〈反抗〉這一章裡，法國大使暨總領事亞蘭・布里奧特回憶了他在維琪政權下的童年生活，他的母親會固定騎著腳踏車穿梭於許多反抗運動組織之間，居間協調聯繫，而他的父親則被關押在德國的勞改營裡。這是一個充滿細節的精采絕倫故事，而它的結尾是本書最動人的時刻之一。一個日常的姿態、一個輕撫、一個恩典的時刻提醒了我們，相聚時的一個簡單動作裡所蘊含的喜悅。

瑪莉蓮試圖連結這些故事，其中有一個是重要的納粹黨員的孩子，有一個是大屠殺下受害者的甥女，而她跨越兩者之間的鴻溝搭起橋梁。無論是在德國，在匈牙利，在芬蘭或是在華盛頓特區，她都向我們表明了，為人父母者固然需要去愛和被愛，但備受大家景仰、效法、信任和心嚮往之的道德模範人師，何嘗不是如此呢！對與錯、善與惡，甚至是愛與憎恨——在我們還是懵懂無知的孩童時，那些出現在我們生命中的大人就為我們定義了這些觀念。我們一旦學到了這些觀念，往往會不加思索地帶著它們直到入土為安。

《天真的目擊者》是對當今成人的大聲疾呼，藉此挑戰我們深信不疑的事情；要我們明白，我們今天所教導的事物，可能會自食遺忘歷史教訓的惡果，而導致終生的痛苦；要我們看一看，當堅定不移的信念被灌輸給沒有能力捍衛自己，來對抗「愛國主義」、宣傳和謊言的兒童時，會導致什麼後果？

瑪莉蓮也在書中探討了記憶的本質。加拿大作家瑪格麗特・愛特伍在《使女的故事》這本小說中如此寫道：「可疼痛一旦過去，誰又能記在心裡？剩下的只是皮肉上的一道暗影，心裡是絲毫痕跡不留的。疼痛會在身上留下印跡，但其痛之深，卻使之難以被人看清。」*記憶「自有一套邏輯」，瑪莉蓮・亞隆寫道。她在書末分享了一個故事，那是在二戰結束許多年後，發生在她母親身上的故事，「為了能安詳地死去」，她選擇用替代性記憶來追憶死於大屠殺下的妹妹。

很像記憶本身，這段往事具有某種文學萬花筒的功能，藉此檢視前面的所有篇章。書中的每一章記事都是出自某個人的回憶，有些散發著濃厚的研究氣息，有些則得到手足或其他人的確認。許多回憶看似不可能發生卻又真實無誤。這就是記憶的本質：無論記憶的細節真實與否，都不如我們所記得的整體記憶重要，只是這份

---

*引文摘自天培出版社《使女的故事》。

記憶經常被埋在心底深處，因此我們可能選擇了我們認為比起記住要輕鬆得多的遺忘。

當然，我們忘不了。遺忘意味我們容許這場人類歷史上最大的悲劇再次發生，記住是為了療癒和打預防針。

因此，《天真的目擊者》最終是要呼籲大家看一看當下，當這個世界開始出現拆散家庭、關閉邊界，或是放任偏見在世界強權中那些相當於西洋棋皇后的國家中橫行的現象時，想想看這會把世界帶往哪裡？這些發生在一個已經逝去的戰爭年代裡的長期暴力下的故事，啟迪了我們任何發生在我們孩子身上的暴力形式——街頭的毒品戰、校園槍擊，以及對於其他膚色或信仰的人類的恐怖攻擊——將會如何影響數個世代。本書是對於凡具有持久影響力的暴力時刻的精采闡述，包括了當下這個時刻。

本書也是對人類精神的美善和堅忍的禮讚，即便是孩童也能了解其精髓，並終生秉持之。這個透過文學來修復生命的慷慨行動，把互不相同的二戰經歷融匯、貫串成一本敘事文集，在這個特別的歷史時刻，《天真的目擊者》是部不可或缺、發人深省的著作。

梅格·克雷頓

於二〇二〇年四月

自序

我屬於童年經歷第二次世界大戰的一代。無論是像我一樣生活在美國的人，或是像我後來所結識的一些歐洲朋友們，我們都對一九三九至一九四五年間所經歷的那段歲月，有著一生無法抹滅的記憶。到今天，儘管美國後來還參與了韓戰、越戰、伊拉克戰爭和阿富汗戰爭，二戰依舊是「我們的」戰爭。

《天真的目擊者》試圖去了解戰時的經驗，對於當時生活在歐洲和美國的兒童的影響。本書是根據當事人所寫下的第一人稱敘述，以及我與他們數十年來的談話彙編而成，他們都是我在成年後所認識的親近友人。在我們都還是孩子的戰爭年代，我當然不認識他們，然而儘管如此，我光是想像他們的經歷，還是影響了我的內在世界，促使我後來尋訪他們的故事。

書裡每一篇故事都通過了兒童感受力的過濾，呈現出二次世界大戰的微觀歷史，每一篇都帶領我們進入一個特定兒童的世界。當然，由於我與書中每一位二戰時期的目擊者結識於成人期間，因此本書必須仰賴他們個別的記憶。然而，儘管記憶有其危險，我會在本書的結語中對此有所說明，我對於他們在記事中所要傳達的主旨，依然深信不疑。兒童的眼睛每天都在接收戰爭的運作方式，當塵封的記憶再次被打開，幫助了我們其他人目睹殘酷的戰爭現實。

當然，市面上已經出版了許多有關兒童戰時經歷的書籍。尤其是斯維拉娜·亞歷塞維奇的傑作《我還是想你，媽媽》*，它最早在一九八五年以俄文出版，直到二〇一九年才有英譯本。書中彙集了大約一百個俄國兒童的簡短口述，每一個故事都是對於德國入侵俄國期間的殘酷暴行的記憶，德軍傷害了他們的父母，甚至為達納粹的目標，他們連兒童都不放過。《我還是想你，媽媽》不同於本書，它瀰漫著苦難意識，是一首史詩級的兒童悲愴合唱曲。

我無意出版一本類似的大規模史詩著作。相反地，本書收錄了在數量上少得多但內容多樣的私人記事，透過深入審視這些故事，我們發現書中所描述的那些努力著要長大，和試圖理解周遭世界的兒童們的經歷，恰與他們的家人和國家一樣都在奮力求生。除了我自己的故事之外，本書還收錄了其他六個人的經歷，我認識他們每一位，或是有同事情誼，或是相熟的朋友，他們每一位都寫下了真情流露、令人信服的回憶錄。以下，就讓我依照每一篇記事在本書的出場順序，來介紹每一位作者。

亞蘭·布里奧特出生於巴黎一個中產階級家庭。他的教育家父親也是一位法國預官，一九四〇年被德軍俘擄，被監禁在德屬波美拉尼亞（今天屬於波蘭），直到一九四五年獲釋。亞蘭最近出版了回憶錄《無限期》（法國的 Illador 出版社於二〇一六年出版），書中描述了他的家人在他的父親被監禁期間，如何逃往法國中部一處村莊避難，以及他的母親如何參與了反納粹組織，還有他們如何在傀儡政府維琪政權下艱困求生。我從他的回憶錄中節錄了一部分並翻譯成英文，收錄至本書中。

當第二次世界大戰爆發的時候，**菲利浦·馬夏爾**只有五歲，他在戰爭期間與外

＊繁體中文版由貓頭鷹出版。

祖父母一起住在諾曼第。他的父親在一九三九年戰爭爆發前夕過世，時任法軍駐法屬索馬利蘭醫官。他留下孀妻和三個年幼孩子，菲利浦和他的一對雙胞胎妹妹。在德軍占領諾曼第期間，他們和其他人一樣都經歷了戰爭的匱乏——飢寒交迫，還有當地孩童的欺凌，他們從未看過有人是黑皮膚和鬈髮。菲利浦的記事回憶了被分配寄住在他們家的德軍、恐怖的轟炸，以及美軍收復了他們的村莊這個令人振奮的大好消息等。菲利浦在八十多歲的時候寫了一篇短篇戰時記事，我把他的法文原作翻譯成英文，收錄於本書中。

溫福瑞・魏斯出生於德國巴伐利亞一個天主教小康家庭。他的警察父親是納粹黨員，就在溫福瑞剛過完六歲生日，亦即一九四三年十一月在蘇聯前線失蹤。直到當時，溫福瑞記得自己在一群志同道合的個人社群中，過著幸福快樂的童年生活，他們全都效忠於希特勒，與法國、英國和美國為敵，而且全都蔑視猶太人。在我們認識了許多年後，我協助溫福瑞撰寫及出版他的回憶錄《一個納粹的童年》（Capra 出版社於一九八三年出版，Mosaic Press 出版社於二〇一〇年出版），這本抒情的文學回憶錄被諾貝爾文學獎得主多麗絲・萊絲評為「令人震撼」。他的故事帶領我們進入到一個既陌生又熟悉的世界，精采而迷人，沒錯，還令人震撼。

史蒂娜・卡查杜里安一九三七年出生於芬蘭，屬於該國說瑞典語的少數族群。她的父親在一九三九年被軍隊徵召時，原本從事林業，而且有份職位穩定的工作。接下來六年，他保衛芬蘭抵抗俄國的入侵。在他父親離家期間，她的母親帶著全家不停地遷徙，最遠來到極北的拉普蘭，最後踏上瑞典的土地。史蒂娜把這段動盪不安的年代，栩栩如生地描寫在她的回憶錄《拉普蘭國王的女兒》（Fithian 出版社於二〇一〇年出版）裡。

蘇珊・葛羅格・貝爾出身於捷克特羅寶市（德語，捷克語是奧帕瓦）一個富裕家庭。雖然她的雙親是猶太人，但她已受洗、被教養成路德教派基督徒；然而，在德國納粹於一九三八年占領捷克後，她的基督徒身分不敵她的猶太裔身分，遭到學校開除。隔年，她和母親從捷克逃往英國，她的母親找到了家庭幫傭的工作，蘇珊則進入一所私立女校就讀，學雜費全免。她的律師父親滯留在家鄉，不幸在猶太大屠殺中喪生。蘇珊曾讚許我的「編輯之筆」，這源於我曾協助她改進她對這段往事所寫的回憶錄《世界之間》（Dutton 出版社於一九九一年出版）的手稿，我從中節錄了部分文字，收錄在本書中。

羅伯特．伯格在十多歲的青少年時期，因為納粹的驅逐行動而被迫與雙親分離。做為一個流亡到匈牙利的猶太男孩，他偽裝成基督徒，目睹納粹的暴行，使他餘生都活在夢魘中。他和我的丈夫歐文．亞隆在就讀醫學院期間，成為朋友。許多年後，兩人合著了《我要呼叫警察》（Basic Books 出版社於二〇一一年出版）一書，而以 Kindle 電子書出版，這喚起了伯格對青春期經歷的悲慘回憶。本書收錄的是節錄版。

出人意表的是，在這些童年故事中，完全聚焦於戰爭的恐怖的篇章只占少數。因為還是孩子，我們也在繼續我們的童真生活，享受與家人、朋友相處的歡樂時光，也從日常例行活動中得到愉悅。不論我們在哪裡，我們都會找到方法把我們的處境當作是「正常的」——至少直到某個鋪天蓋地而來的大災難使那個幻影破滅之前是如此。

兒童記得他們吃了什麼和沒吃什麼，尤其是飢餓的折磨，也記得有些人吝惜他們的食物所流露出來的自私。他們記得陌生人的仁慈——出乎他們意料之外，收留了他們，以及沒有暖氣的屋子的冰冷刺骨。他們記得在生日和聖誕節所收到的稀罕禮物。他們記得與其他孩子一起玩耍，其中有些人因為遭到驅離或死亡，而消失在他們的生活中。他們記得警報聲、轟炸聲，和照亮夜空的明亮火光。

不同於生活於戰時的成人的口述或著述，純真無邪的孩童不必為後來出現於他們記事中的行動辯護。他們不必為這場降臨到他們身上，以及造成數百萬人傷殘或死亡的戰爭負責。相反地，他們被捲入了發生於周遭的事件裡，身處在非比尋常的處境中——即使不令人愉悅，也常讓人覺得平淡無奇，他們努力著要長大和探索這個世界。閱讀他們的戰時記事，即使沒有地緣政治或是道德義憤的視角，也讓我們對生而為人是怎麼回事有了更多的認識，我們在回顧自身的過往時，可能會從地緣政治或是道德義憤的視角，來審視這些事件。

這些回憶記事都是寫於他們人生的後期，因此每一位作者都以打動讀者的心為主要考量，來鋪陳他們所訴說的故事。在這本我從他們的回憶錄中選錄而成的合集中，我盡可能把他們的故事清楚地呈現給讀者，孩童和成人的視角經常交織出現在這些故事中，而創造出了一種豐富的多層次聲音，這是單一視角做不到的。

我和書中的兒童主角們皆結識於他們長大後的成人時期，我驚訝於他們能夠超越過去，蛻變為關心人且事業有成的成人。根據他們的回憶錄，或許我們可以來思索那些有助他們求生的環境條件。是哪些給予他們安全感與希望的大人，帶領他們走過最艱困的時光？是什麼樣的人格特質幫助他們發展成為一個心理健全的成人（functioning adult）？他們如何處理他們的戰時創傷記憶？我會在本書結尾探討這些問題。

由於一些作者已經過世，我們這些其他仍然在世的人也即將在不遠的未來撒手人寰，我覺得我有義務要把他們的故事傳達給世人知道。這些收錄於本書的戰時回憶錄來自於我的友人們的兒時經歷，他們當時各自散居於法國、德國、匈牙利、捷克、英國、芬蘭、瑞典、挪威與荷蘭。除此之外，我也收錄了我自己的戰時回憶記事——當我的這些海外同儕飽受空襲的轟炸時，一個在美國華盛頓特區成長、受到安全保護的女孩的往事。

我們是還能憶起二戰面貌的最後一代人，不久之後，我們的生命都要凋零，揮別這個世界。我留下這些見證是希望我們的故事，能再次警醒世人，戰爭愚行所造成的悲劇。有鑑於現今這個歷史性的時刻，國族主義的浪潮高漲以及日益惡化的衝突，這些故事或許具有警世的作用，迫使我們探問這個問題：我們的兒孫是否也要淪為患有權力飢渴症的成人們的受害者？我們的孩子一定要繼續失去他們的軍人父親，以及如今可以投身軍旅的軍人母親嗎？在這個難民流離失所的年代裡，有多少孩童被迫離開家園？有多少孩童會被迫與家人分離，而被安置在其所前往尋求庇護的國家之邊界附近的難民營裡？有多少孩童會因為膚色，而遭到迫害？有多少孩童會被迫承受飢寒交迫、身體傷害之苦，和死亡呢？

第一章　一個受保護者之所見

我的美國童年以及與法國的連結

一九四一年十二月七日，小羅斯福總統在其慷慨激昂的演說中，提到了「這天將會被記載為國恥日」，這天原本是我們全家一起慶祝的歡樂日子。因為十二月八日是我母親的生日，那年適逢星期一，所以我們早已計畫好要提前到星期日、爸爸的雜貨店打烊的時候，一起為媽媽慶生。那天的午餐媽媽煮了她拿手的周日傳統料理：烤雞佐馬鈴薯和蔬菜，還有一道特別的自製奶油軟糖，讓愛吃甜食的我垂涎三尺。我那年九歲，媽媽三十七歲。

我和媽媽吃過午餐和奶油軟糖後，就窩在後面的房間等爸爸回來，裡面有一個四英尺高的木製收音機。爸爸的雜貨店位在市區偏遠的地方，星期日下午是他唯一可以聆聽欣賞古典樂的悠閒時光。

我每個星期會從佩特沃斯圖書館借三本書回家，那天下午一點鐘播出的廣播節目被一個令人震驚的消息給中斷了，我當時一定是埋首在其中一本書裡。日本轟炸了珍珠港。從播音員的播報聲調聽起來，我知道有重大的事情發生了。但珍珠港在哪裡呢？日本為什麼會捲進來呢？他們和那個先前餽贈美麗的櫻花樹給我們的民族，是同一個嗎？我們每年春天都會前往華盛頓潮汐湖欣賞盛開的櫻花樹。

我媽媽和爹地那天大半個下午彼此身體緊靠著守在收音機旁，我知道一定是發生了非常、非常嚴重的事。直到今天，在我的母親過世後許多年，我還是會把她的生日十二月八日和珍珠港的悲劇連結在一起。

我們當年住在華盛頓特區西北區第四街五一〇四號，一排紅磚屋中的一戶。我們全家在一九三八年、我六歲那年搬來這裡，我一直到一九五〇年為了到外地就讀大學，才第一次離家。我小學一到六年級就讀離家三個街區遠的巴納德小學，我每天走路上下學。我的小學二年級老師在我的成績單上寫下了對我的評語：「活潑開朗、有禮貌和樂於助人」，我的作業則展現了「強烈的獨創性」。

一放學，我就急急忙忙跑回家，找朋友詹妮絲．瑞斯金玩，她就住在街角，或是找住在一個街區外的杜朗．米契爾。詹妮絲有一頭濃密的棕色香腸狀鬈髮，總是穿著講究、舉止有禮。雖然我的功課比她好，但我承認她的舉止儀態確實勝過我。至於杜朗，他的個性和我們所有人都大相逕庭。他在學校總是一派輕鬆，出了校門則如脫韁野馬意氣昂揚，吸引著我以一種稚氣的方式愛慕他。可以的話，我會在放學回家的途中在他家暫作停留，看看他的一對雙胞胎妹妹，以及討他母親的歡心。

不論是我的朋友，還是我的兩個妹妹碧翠絲和露西兒的朋友，媽媽都很歡迎他們來家裡玩。我的母親在一九〇四年出生於倫敦，一九〇六至一九二四年間成長於波蘭克拉科夫市，之後，她和哥哥亞佛瑞德、妹妹安跟著父母移民美國落腳於芝加哥。我的母親會說波蘭語、德語和英語，也會唱這三種語言的歌曲。我爹地在一次世界大戰後，從蘇聯移民到美國，他可以讀俄文、希伯來文和英文，但只和我們說英語。雖然我的父母親也許都會說意第緒語，但我從未聽他們說過隻字片語。對他們而言，只用英語聊天關乎面子，因為如此一來，我們全家就都是「美國人」了。

他們甚至在我五歲的時候，送我去語言藝術學校鍛鍊口才。每個星期六上一堂課要收費二十五美分，我學會了向貝蒂太太行屈膝禮後，朗讀一些簡單的詩作。

不過，我的母親會用德語和附近一戶人家——史泰納家——聊天。他們來自奧地利，媽媽和史泰納太太是閨密。她的丈夫馬克思．史泰納是五月花旅館的領班，舉止威嚴，他每次一出現在教室裡，都會讓我膽戰心驚。不過，我迷倒在他們家三個兒子的魅力之下，他們是魯迪、法蘭基和吉米，尤其是吉米，他比我大兩三歲。他有一頭淺色頭髮和藍眼珠，待人和善，在我童年所做的那些愛情白日夢裡，他是我的夢中情人。我們會在聖誕節快到的時候，到史泰納家一起共享聖誕樹和奧地利糕點。我很愛吃蘋果餡餅（Apfelstrudel）和罌粟籽蛋糕（Mohnkuchen），所以很希望媽媽知道怎麼烘焙這兩道甜點。

因為史泰納家，在爆發珍珠港事件之前，我就知道「海外」出事情了。大概在我六七歲的時候，我聽到他們用德語重複說了「水晶」這個字眼，後面緊接著這個德文字「Nacht」，我會知道這個字是從媽媽唱的搖籃曲〈晚上好，晚安〉（Guten Abend, gute Nacht，雖然我不知道這幾個字怎麼寫）中學到的。史泰納家的男孩圍繞在我的母親身邊，說：「不要擔心。如果德國人入侵美國，我們會保護您。」我搞不懂他們到底在說什麼。我那時候不知道他們說的是「水晶之夜」（Kristallnacht），這個事件發生在一九三八年，納粹把德國國內的數百間猶太會堂、建築物和商店搗毀，並且逮捕了數千名猶太人。在我居住的美國社區裡，猶太人竟然會成為特定的攻擊目標這種事，從未發生在我身上。

我可能是在一九三九年聖誕節，第一次聽到「德奧合併」（Anschluss）這個字眼，而由此得知希特勒已經接管史泰納家的故鄉。我們在報紙上和電影院裡看過希特勒的照片，因此在我心中，所有德國人長得都跟希特勒差不多。我唯一能想像的就是一群留著一小撮黑色短髭的矮小男人，衝進跟我們家很像的奧地利民房。那麼，為什麼史泰納一家和我的母親要用德語交談呢？為什麼他們不能像好美國人一樣，只說英語呢？

我不認識任何黑人兒童，因為當時在首都的學校和街坊都實施嚴格的種族隔離政策。事實上，我唯一知道的非裔美國人是一群女僕，還有那些開著爸爸雜貨店的貨車送貨到我們家的男人。即使爸爸有捐錢給全國有色人種協會，也相信「四海一家皆兄弟」的理念，但無論是他或是媽媽，還是我們認識的白人家庭，沒有一個人和非裔美國人有任何社會關係。

我的確和一個非裔美國人安娜貝拉關係深厚，她是艾絲特・艾格姑姑的女僕，終生服侍她。在媽媽生下妹妹露西住院期間，我暫時寄住在艾絲特姑姑和山姆姑丈家的豪宅裡一整個星期，而由安娜貝拉負責照顧我的生活起居。她會把我打結的頭髮梳開，不准我的兩個表哥巴迪和布萊恩嘲笑我。不需要她告訴我，我就會對脾氣粗暴的山姆姑丈敬而遠之，他靠買賣房地產暴富，他的凶惡言行讓全家人都籠罩在他的陰影之下。

我們會在猶太節慶——逾越節、猶太新年、贖罪日和修殿節（或光明節），到不同的叔伯阿姨們家作客。這是女人們展現廚藝的好時機。法蘭絲姑姑以她的拿手好菜奶油佐猶太魚丸凍，搭配新鮮的山葵著稱。艾德琳姑姑則擅長混搭食材製作出香甜的糕點：蜂蜜餅乾和覆盆子夾心餅乾。那麼是誰負責做逾越節必吃的輕淡無酵餅球呢？當然不是我的母親，她被公認為是她們當中廚藝最差的一個。

我最喜歡的節日是萬聖節。我可以在那天盛裝打扮，把自己裝扮成仙女、公主、巫婆、穿著緊身闊擺連身裙的奧地利女孩。我可以塗上口紅，戴上媽媽的舊帽子和搭配服飾的珠寶，不過她一直不肯把她珍藏的威尼斯馬賽克小珠子借給我。男生則用筆在臉上畫出短髭和戴上嚇人的面具出現在學校。他們裝扮成強盜、幽靈、骷髏、科學怪人*，但有些男生不戴面具反而更讓我感到害怕。由於我是班上個頭最小的學生，我很小心避開男生的霸凌，甚至連一些比較粗野的女生，我也會對她們敬而遠之。

有個小孩比我還瘦小——我們隔壁的鄰居貝琪。貝琪確實知道人生並不公平，因為她的雙手先天嚴重畸形。其中一隻手只有兩根手指和拇指，另一隻手有拇指和

＊譯注：科學怪人，又稱法蘭克斯坦的怪物（Frankenstein's monster），是作品中的虛構角色，最早出現在瑪麗．雪萊（Mary Shelley, 1797-1851）的小說《科學怪人》（*Frankenstein*, 1818）中。怪物常常被大家叫做「法蘭克斯坦」，但實際在小說中怪物是沒有名字的，「法蘭克斯坦」其實是那個製造怪物的瘋狂科學家的名字。小說中常以「生物」、「魔鬼」、「怪物」、「東西」、「不幸者」等詞語代稱。

兩根正常手指，小指和無名指則在中間以下相連，看起來就像英文字母Y。貝琪比我小一歲，有小鳥般的柔弱外表，和一雙棕色大眼，她激起了我心中對其他人沒有的保護欲。當其他小孩用「三根手指的臭婊子」這些話嘲弄她的時候，我會告訴他們那是冷血的惡毒行為。我由此培養出一定程度的勇氣。

我的這些童年回憶基本上是快樂的。我感覺到自己在家裡受到疼愛，在學校裡人緣也相當好。在我的一九四〇年小學成績單上，老師對我的評語是：「勤懇學習」、「非常熱心」、「非常親切友善」。

一九四二年二月，我在快滿十歲的時候，升上了五年級。兩個月前，美國已經向日本、德國和義大利宣戰，而與英國和法國結盟。戰爭將成為我在青少年初期的時代背景。

那麼，戰爭如何影響了我的個人生活呢？和所有當時的美國人一樣，我們家也拿到了一本食物配給券。配給券上蓋有戳印，每一本對應一種稀缺的食品，諸如糖、奶油和肉品。我記得，我會看著每一個戳印上的圖樣，有飛機、坦克或其他與戰爭相關的圖像。我嗜吃甜食，因此媽媽告訴我，我只要少吃糖，就對戰爭有貢獻。我記得，我吃燕麥片的時候會放最少的黑糖，放學回家後，我也不會再跟媽媽要第二片餅乾吃。我對奶油沒有特別偏好，所以我不會排斥餐桌上出現乳瑪琳（人造奶油），它們以原始樣貌白色糊狀物販售，還附上一滴褐色液體，只要把它加進人造奶油加以混合後，就能製造出奶油色。

由於我的父親開了一家雜貨店，我猜想他可能給了我們家比配給量稍微多一點的分量。我們家總是有足夠的食物，包括我愛吃的培根，還有我討厭的罐裝牛奶。咖啡也是配給食品，比起咖啡我們家更喜歡喝茶，所以這點並不會對我們家造成嚴重困擾。我記得我曾經問爸爸有關「黑市」的問題，他跟我解釋說，有些商家設法暗中取得商品，然後用更高的價錢賣給他，但他不會這樣做，因為那不是「愛國行為」。

兒童則可以透過收集錫罐、錫箔紙和鋁製品來愛國，這些東西經過回收處理後可以做為製造彈藥的原料。我記得我和杜朗．米契爾一起推著他的手推車挨家挨戶地索取這些珍貴的物資。我也記得，把儲蓄郵票貼在國防基金簿裡，以資助美國的戰備需求，等戰爭結束後，這些郵票可以兌換成現金。此外，我還清楚記得我當時對又厚又重的遮光窗簾的感覺，那是為了防止屋內光線外洩反而幫助了敵機而安裝的。看過德軍轟炸英國（我們有親戚住在英國）的電影後，我們害怕相同的事情會發生在我們身上。

在一九四二至四三年間的冬季至一九四四年六月期間，我們家發生了一個重大變化：媽媽開始為美國政府工作！我很自豪我的母親現在是「政府員工」了，儘管她的工作只是把文件歸檔。媽媽自己也很開心可以外出工作，因為這是她婚後第一次能夠自食其力。我開始發現在我們的星期日午餐餐桌上新添了精美的餐具：水晶玻璃和純銀器皿。

除了這些新添的餐具，媽媽也交了一位新朋友，對方是她的上司赫梅洛夫斯基太太。她和媽媽一樣，都在波蘭長大，兩人在一起會用波蘭語交談。我很喜歡聽人說波蘭語，不過，我只聽得懂「你會說波蘭語嗎？」（I panya popolska?）這幾個字。赫梅洛夫斯基太太沒有孩子，所以很寵愛我們。我總是等不及她來家裡作客，她會帶波蘭美食過來：皮羅什基餅和糕點，有時候她會給我一條圍巾或緞帶。現在，除了史泰納太太，媽媽又多了一位來自歐洲的天主教徒朋友，而且彼此可以用外語交談。我看到她倆在一起，就像是看到兩個快樂的女學生。但有時候，我會注意到她們心情低落，而且說著悄悄話，以免被我聽到。我知道一定是與還留在波蘭的親人有關——媽媽在波蘭還有一個已婚的妹妹、她的丈夫，還有他們一個年紀和我相仿的女兒。

媽媽外出工作導致了一個出人意料的後果。根據我的一九四三年春季成績單上的評語來看，我的表現變差了。我的老師，滿頭白髮的艾莉諾．惠特尼太太，在一九四三年四月九日寫了一封信給媽媽：「瑪莉蓮學習熱心、勤懇。她任何時候都樂於助人，待人親切。她非常能幹，而且表現出色。」然後，她改用一支筆芯顏色較淡的鉛筆補充說：「但我最近發現瑪莉蓮的態度和行為變得不一樣，我懷疑是不是因為你整天不在家，造成她太過自由，幾乎沒有人管她所致。」

當時，不論我在生活中發生了什麼事——包括我的月經在我十一歲時初來乍到，讓我大感震驚——惠特尼太太都把它們都歸咎於媽媽外出工作。在我的一九四三年六月二十三日成績單上，惠特尼太太繼續對我的批評：「她太愛講話，常常過度關心要怎麼幫助鄰桌同學，她應該把她的注意力全副放在她必須要做的事情上。她需要安靜下來。」

我在一九四四年二月從巴納德小學畢業時，肯定已經稍稍安靜了下來，因為惠特尼太太在我的簽名紀念冊上寫下：「給瑪莉蓮，祝你快樂、成功。我會永遠記得關於你的快樂回憶。」

班上同學在那本紀念冊上的簽名留言，證實了戰爭的影響無處不在。葛洛莉雅・華勒斯坦寫下了這首短歌：

橡膠要配給
糖也要配給
但說到甜蜜
我只要你。

吉娜・威爾納寫下：

東條*在廚房
把豆子灑滿地
希特勒則在浴缸裡
擊沉潛水艇。

我的一個最要好朋友詹妮絲．哈什則寫下了：「勿忘珍珠港」的警語，約翰．華特斯則寫下了：「讓戰機繼續翱翔。」

---

*譯者注：指東條英機（一八八四—一九四八），日本陸軍大將、大政翼贊會總裁，二次世界大戰期間擔任第四十任日本內閣總理大臣及統制派最高領袖。他是二戰的軸心國軍政領袖之一，日本軍國主義的代表人物，也是次位公開支持結成法西斯主義軸心國的日本政治人物。他在內閣總理大臣任內最著名的行動，例如負責下令珍珠港事件和許多戰爭罪行，引發了美日太平洋戰爭。戰爭結束後日本投降，東條也被同盟國成立的遠東國際軍事法庭逮捕，認定為二戰的甲級戰犯，因為戰爭罪行被譴責並判處死刑，於一九四八年十二月二十三日執行絞刑。

一九四四年春天，我進入了麥克法蘭初中，迎來我人生篇章中具有決定性的一章。由於新學校離家更遠，課業壓力也更大，我不再回家吃午餐，還開始學習一種新語言：法語。從維斯塔小姐唸出第一個法文字起，我便一頭栽進一個令我著迷的世界，諸如「desk」（書桌／樂譜架）和「stairway」（階梯）這類單調乏味的事物，在這個世界裡都變成了具有魔力的字彙 pupitre 和 escalier。而且，還有一個神奇的字彙 Voilà（有「瞧、那就是」等等意思）！連我那些有口語障礙、說英語的鄉親們也唸得出來。幾個星期後，我向家人宣布，我不會成為圖書館員，也不會成為英文老師了。我要改教法文。事實確實如此，往後的三十年，我貫徹這個志向如願成為法文教授，而且一教就是大半輩子。

我甚至知道法國被德國占領，法國人無分男女在戴高樂將軍的帶領下展開反擊。每逢周六，我們前往附近的電影院為出現在新聞短片中的反抗軍加油。我曾在某個地方看過《吾土吾民》這部反納粹電影，由查爾斯・勞頓、莫琳・奧哈拉和喬治・桑德斯等領銜主演，導演是尚・雷諾。這是美國最早的宣傳片之一，描述英勇的法國反抗軍對抗殘暴的德軍，我至今還記得人質被槍殺的恐怖畫面。

我們家的愛國主義彰顯在我們接待了一位政府員工寄住在我們家。因為在戰爭期間，華盛頓特區的住房供給不足，我的父母決定把我們家的後面房間簡單改裝成臥室，雖然這意味著我們必須穿過廚房到樓上的浴室。哈里斯太太在一九四四年末，搬來與我們同住。

哈里斯太太從南部上來，進入政府部門工作，她的丈夫已經離家參戰。她是個塊頭很大的女人，皮膚細嫩，個性強勢。她一看到我，幾乎是立刻把我當作是需要精心打扮的年輕淑女來對待。當我站在與她房間相連的廚房門口時，她會說：「進來吧，親愛的。」我來到她床邊的椅子上坐定後，就看著她忙著把一些東西拿出來排列好，讓我看得入迷：褲襪和吊襪帶，還有蕾絲內衣。

她傳授了幾招她認為有助改善我的外貌的祕訣。如果我想要有一頭閃亮的秀髮，那麼我每天要梳一百次頭髮，洗頭的時候要加檸檬汁。如果我想要讓胸部變得豐滿（我在這部分是很難了），可以把棉花塞進胸罩裡。她會把乳液塗抹在我的雙手上，並在我的耳後噴些香水，然後輕吻我的臉頰，彷彿我們是閨密。

在海外有數百萬人死於戰爭的同時，我得知了有一個小生命正在一個近在咫尺之人的腹中慢慢長大。哈里斯太太懷孕了。

媽媽在晚餐時宣布了哈里斯太太懷孕的消息，她打算另覓新的住處，但這需要一些時間，因為這時候很難找到有房子在出租。我和妹妹一想到家裡就要有小嬰兒了，就非常興奮。妹妹碧雅和我問媽媽，我們可以做嬰兒的褓姆嗎？儘管媽媽微笑答應，但我察覺到她的不安，尤其在我後來聽到她告訴爹地，說「我們怎麼能丟下她不管？」時，又格外明顯。

幾個月後，小嬰兒誕生了。我記得金屬嬰兒床就放置在後面房間的牆邊，我看著躺在裡面的小嬰兒，他有張圓圓的紅臉蛋。我喜歡把拇指放在他的手裡，感受著他用他的小手指本能地緊握住我的拇指的感覺。哈里斯太太很快就回到工作崗位，她把孩子交給一家托兒中心照顧。我們在一起的時間變少了，因為她常常一回到家就忙個不停而面容憔悴。

有一天，一切都改變了。我回到家看見一輛警車停在門口。有兩個警察在客廳裡和媽媽說話。我站在走廊仔細聆聽他們的談話，我聽見警察詢問媽媽關於哈里斯太太的事情。「她是一個非常好的母親，」媽媽說道，「她把嬰兒照顧得很好。」

有查看她的身分證明文件嗎？沒有。知道哈里斯太太究竟是在哪裡工作嗎？不知道。見過她的丈夫嗎？沒有……，他離家參戰去了。

看來，哈里斯太太根本不是哈里斯太太。她甚至連婚都沒有結。她冒用一位哈里斯上尉的姓氏，他是她孩子的父親，雖然他已經有了老婆。還有更壞的消息。哈里斯太太曾試圖殺死哈里斯上尉，事實表明，他遠未能避開離戰爭。她提著一個手提箱來到他位在華府下城區的辦公室，裡面裝滿了致人於死的物品，有刀子還有一把手槍。到頭來，她的威脅也僅是威脅，因為哈里斯上尉有能力奪下她的武器，並把她交給警察。

這個轟動社會的新聞出現在隔天的《華盛頓郵報》頭版，還附上打開的手提箱照片，裡面的致命物品一覽無遺。我深受打擊，比起哈里斯太太我更關心我自己。我們家的地址醒目地印在報紙上，我的同學都看到了。我們在華盛頓特區西北區第四街五〇一四號的家，不僅住過和善的柯尼克一家，還有一個想要成為殺人凶手的女人。我很快就把這個熱情又慷慨的女人拋諸腦後，她曾經想要把我變成一個年輕的淑女，而我卻把她忘得多麼快啊！此後，我從未設法打聽她的下落和近況。

只有我那永遠富有同情心的母親為哈里斯太太感到難過，即使她心中有一件更令她憂心的事情。隨著戰爭即將結束，媽媽更加積極打聽她留在波蘭的妹妹雷吉娜的消息。紅十字會向媽媽保證，他們正盡一切所能追蹤波蘭猶太人的下落，只要一有消息，他們會儘快聯絡她。但隨著新聞影片播出被解放的集中營裡，成堆的屍體猶如木柴被堆疊起來，還有令人驚駭的穿著條紋衣的囚犯骷髏畫面時，媽媽變得愈來愈焦慮。看到這些畫面讓我驚恐萬分，因此每次播放這類新聞時，我都會捂住眼睛。我忘了媽媽究竟是何時得知這個噩耗的，但我清楚記得——我一輩子都忘不了——當她收到一封信，信中告知她的妹妹還有她的丈夫和孩子一家死於集中營時，她忍不住放聲大哭的模樣。我永遠見不到和我一樣留著辮子的表妹。

一如我記得美國是在一九四一年十二月七日參戰，我也清楚記得戰爭於一九四五年八月十四日結束。我當時正在馬里蘭參加一個女子夏令營，鈴聲突然響起，然後我們聽到令人雀躍的消息：「戰爭結束了！」那天被稱為「V－J日」，那是對日戰爭勝利（Victory over the Japanese）的縮寫。我們一群女孩開心得互相擁抱，

瑪莉蓮・亞隆 14 歲，攝於華盛頓特區，1946。

然後跑到餐廳裡，國旗那時候已經升起，我們開始唱起國歌：「願上帝保佑美國，我無比熱愛的國家。站在她身旁帶領著她，讓聖光引她通過黑夜。」我們的輔導員——我依舊記得她的笑臉，雖然我已經忘了她的名字——讓我們盡情地肆意喧鬧，不像平日嚴格要求我們要守秩序。我在十三歲的時候，與我的營會夥伴們一起經歷了一個狂喜的時刻，當我憶起那個欣喜若狂的日子，依舊在我這個八旬老人的心中迴盪不已。

一九五二年秋天，我終於親眼目睹了二次世界大戰所造成的重創。我當時就讀於衛斯理學院，一位教授建議我在大三時到巴黎遊學，我欣然接受了這個機會。我在遊學之旅的頭六個星期，寄宿在法國一個省會城市圖爾的一戶人家——昆汀家裡。即使第二次世界大戰已經結束了七年，在圖爾市一些地區仍然看得到二戰留下的轟炸遺跡。例如，羅亞爾河畔一間古老教堂依舊處於部分毀損狀態，石頭殘骸沿著巷道堆疊。

當我得知重創教堂的元凶是美軍的轟炸機時，心情感到無比沉痛。二十多歲的米歇爾．昆汀是我寄宿的家庭主人的兒子，他告訴我，美軍曾在二戰期間從高空投擲炸彈轟炸當地，他們只要飛低點就能減少平民的傷亡。

「畢竟，我們是你的盟友。」他說。

圖爾市民普遍把美國人視為他們的救命恩人。我在當地就碰到了一件令我十分感動的事情，至今依舊鮮明地烙印在我的腦海裡。我那時候坐在一輛鄉間巴士上，我的旁邊坐著一位農婦，她的膝蓋上抱著一隻肥母雞。當她發現我是美國人時，她牽起我的手放在她的手裡，說：「當我想起那些美國的年輕人，來到法國為了我們而戰死的時候……。」法國人在許多場合表達了他們對美國的感激，但沒有一個比我坐在那輛滿載著當地農民與農產品的巴士上所聽到的這些話，更加感動我。

因為米歇爾，讓情況變得更加複雜。他這時候年約二十四五歲，仍然跟父母住在一起，他在十多歲時因為戰爭而飽受精神崩潰之苦，導致他無法繼續接受更高的教育，最高學歷僅止於耶穌會所創辦的地方中學。

米歇爾的母親昆汀太太，是我看過長相最奇特的女人之一。她的臉上塗著一層厚厚的白粉，染了一頭黑髮，舉止誇張。她總是穿著一件白色夾克，打著一條男士窄版領帶；她在三十多歲時經營了一家專賣淑女帽的精品店，從此這就成了她的招牌裝扮。昆汀太太在某種程度上，因為毀譽參半成了地方上的名人——舉例而言，當地人都知道米歇爾不是她丈夫的親生兒子，而是另外一個男人的，這個男人的家族是個小貴族。

雖然她還有一個長子，讓-賈克，但米歇爾顯然最受她疼愛。米歇爾告訴我她如何讓褓姆每天送他上學，即使他已經成長為十幾歲的青澀少年亦然，這件事讓這個處於青春期的男孩覺得很丟臉。

戰前，昆汀一家就和許多右翼天主教徒一樣，寧願與德國結盟，也不願與他們的共同敵人共產黨結盟。這對我是新聞。我完全不知道一些看似正派的法國人民大都歡迎德國人。但圖爾人，不論他們的政治信仰為何，很快就知道德國人帶給他們的是死亡和毀滅。一九四〇年六月，德軍對圖爾市展開冷血大轟炸，方圓十二英畝內的建築物全部被夷為平地，一個失去戰鬥力的城市被迫投降。

米歇爾回憶起，他每次只要聽到這些聲音：轟炸聲、爆炸聲、猛烈的撞擊聲和空襲警報聲，他的恐慌症就會發作。後來，德軍取代法國男人出現在街頭上，這成了日常景象，大多數的法國男人當時不是在戰俘營，就是被送至德國勞改。米歇爾說，唯有耶穌會神父的出現讓他感到安心，讓他的神智保持部分清醒。

若想體會米歇爾的魅力，你必須對他有所認識。他身材瘦削，黑髮，散發著法國風情；知識淵博，具有文化教養，舉止優雅，散發出兼具高雅和精神官能症的氣質。他可以在前一秒展現一派輕鬆優雅的紳士風度為我倒酒，但下一秒馬上陷入令人尷尬的沉默中。有時候，他大方地展現他淵博的法國歷史和文化知識，其他時候卻又唐突得近乎粗魯。我一直很好奇，他的精神官能症與他的戰時經歷，以及與他的古怪母親和模糊不清的父子關係，還有先天的遺傳傾向之間，究竟有多少關聯性？

我在巴黎度過剩下的大三學年，我和一個美國女孩一起住在杜布瓦夫人家，在巴黎時髦的第十六區克萊貝爾大街九十六號。屋裡擺設了路易十六世時期的家具和精緻雕刻，散發著舊時代氛圍，彷彿這裡從未經歷過戰爭。不過，公寓在某些方面的供應依舊像戰時一樣匱乏。房東只用一個小暖爐供應所有房間的暖氣，還有一個熱水裝置供應浴室的用水。房東規定我和室友一個星期只能洗一次澡。奶油依舊短缺，因此房東要求我們省著用。此外，巴黎的外匯黑市猖獗。我很慚愧，我承認每次我的錢快要見底時我就會到黑市，因為黑市提供的美元匯率比合法的外匯機構更高。

我在索邦大學選修當代法國文學課程，在羅浮宮學院修中世紀雕刻，周末就安排活動汲取法國文化。當時，正值存在主義的鼎盛時期，我上課的拉丁區正是存在主義的大本營。我們到聖日耳曼德佩區尚－保羅．沙特和西蒙．波娃經常出沒的咖啡館，尋找他們的身影，但都撲了空。不過，我確實在巴黎觀賞了薩繆爾．貝克特的劇作《等待果陀》的全球首演，即使這齣舞台劇被包裝在雜耍歌舞喜劇的外衣下，我還是毫無困難地看出了劇中所傳達的存在主義者的絕望。顯然，「果陀」（Godot）代表了「小神」（little God），而且上帝永遠不會來。戰爭在法國掀起了一股知性氛圍，大家質問許多法國傳統機構（例如教堂）的價值何在，而且宣稱人生充其量是「荒謬的」。這股存在主義的思潮主宰了法國知識界許多年，直到法國人開始正視他們的戰時經驗。

雖然，我在索邦大學和羅浮宮學院和法國學生一起上課，但很難在課堂外遇見他們。他們擺明了就是對外國人不友善。我倒是認識了一群挪威學生。其中有個年輕人哈爾沃，他跟我一起選修法國文學。他有一頭鬈髮、綠眼珠，身上散發出一股我們美國人永遠不敢領教的難聞氣味。我有次邀請哈爾沃參加在我們公寓舉辦的派對，他帶了幾位朋友過來，他們一群人在門口排成一列，很有禮貌地依序彎腰鞠躬進來，他們每一位都慎重其事地唸出自己的名字：哈爾沃、拉斯、托爾、奧拉夫。他們全都能說一口流利的法語，和無可挑剔的英語。奧拉夫是個頭最高的那一位，有一雙藍眼睛和一頭猶如玉米穗絲的金色頭髮。他念巴黎政治學院，後來我倆在巴黎交往，他成了我的男友。

奧拉夫比我大幾歲，他在二戰期間生活在德國占領的城市。德軍在一九四〇年春天入侵挪威，他當時十一二歲左右。他的家世背景優越，家族中包含了著名的語言學家奧拉夫．布洛赫，他就是以他的名字來命名的，奧拉夫記憶中的戰時生活，是一段物資匱乏、充滿悲傷的歲月。做為一個仍在發育中的男孩——他最終長到六英尺四——奧拉夫說他總是飢腸轆轆。即使他們住在首都奧斯陸，家裡也開始種植蔬果，飼養一些小動物，食物依舊嚴重匱乏。

瑪莉蓮·亞隆21歲，在衛斯理學院大三遊學期間探索巴黎，1953。

他記得他們家對於那些勾結納粹的政府要員充滿了鄙夷，這源於惡名昭彰的維德孔．吉斯林，他是納粹所扶植的挪威傀儡政權的首相。他記得他們全家支持哈康國王，他曾英勇抵抗德國占領挪威，當新聞報導他和王儲已經安全抵達英國時，他們全家都鬆了一口氣。他至今依舊對鄰國瑞典懷恨在心，稱他們為「北方的德國人」。瑞典王室同情納粹，一方面是因為王后是德國裔，另一方面則是有意避開德國的入侵，在戰時繼續保持其中立國地位。瑞典曾在二戰期間收容了流離失所的難民，包括一群飽受威脅的丹麥猶太人，但奧拉夫卻吝於讚揚瑞典的這個人道行動。

許多挪威人都曾參與一個有組織、且極為成功的反納粹行動，奧拉夫深深以此為榮，而對許多挪威婦女與德國士兵發生關係感到不齒。戰後，這些被稱為「德國女郎」的挪威婦女被褫奪國籍，並且與生下的子女被驅逐至德國。二〇一八年十月，時距二戰結束七十三年，我在寫這個章節的時候，我從早報得知挪威政府就在不久前正式向這些「德國女郎」致歉。

戰後，已知與德國士兵交往的法國婦女也受到懲罰。有二萬名法國婦女蒙受羞辱，她們的頭髮當眾被剃光，還用卡車載著她們遊街示眾，任由大眾辱罵她們。我曾在新聞影片和雜誌上看過相關的畫面和照片，以及其他「叛國者」送審的照片，有時候這些畫面和照片充滿暴力。這已經成為全球普遍的現象，女性往往成為通敵恥辱的代罪羔羊，相關的完整詳情直到二戰結束了幾十年後，才公諸於世。

儘管發生了這些不名譽事件，法國人還是可以宣稱法國境內的猶太人大都得以倖存；最新的預估數字顯示有高達百分之七十五的法國猶太人，在二戰倖存了下來。許多猶太兒童被藏在修女院和法國家庭中，包括我在成年後結識的兩位友人：瑪格麗特．李德柏格和尼爾．朗繆爾，兩人被基督徒家庭收留，他們謊稱這些猶太孩童是自己的孩子。有個信仰天主教的外省家庭冒著生命危險收留了尼爾兄妹二人，兩人當時的年紀已經能夠理解這家人所面臨的危險。在瑪格麗特的例子裡，她在二戰期間住在干邑附近一個新教基督徒家庭裡，她的雙親當時投身反抗行動，但直到戰爭結束，她的父母出現把她帶回家前，她都不知道自己是猶太人。

令人難過的是，許多其他猶太兒童就沒這麼幸運了。我的好友霍華德．艾普斯坦在戰爭結束後，就在巴黎租屋生活，他後來得知有個猶太女孩在被驅逐出境遇害之前，就住在這裡。由於他終其一生都在關注這個女孩和其他與女孩命運相同的猶太人，他成為《大屠殺下的法國兒童》（紐約大學出版社於一九九六年出版）一書美國譯本的編輯群之一，這本書是塞吉．克拉斯費爾德寫的一本法文著作，記錄了戰時法國猶太兒童的遭遇。克拉斯費爾德本身是納粹占領期間的猶太人倖存者，他用數十年時間彙編這部厚達一千八百八十一頁的巨著，書中按照時間記載了一萬一千四百零二名猶太女孩和男孩的生與死，他們在一九四二至一九四四年間遭到法國和德國當權者的逮捕，集體被驅逐至奧斯威辛集中營和其他死亡集中營。在他們當中，大約有三百位倖存了下來。克拉斯費爾德這部紀念遭到謀殺的猶太兒童的編年史，收錄了二千五百張照片，見證了犯下這場令人髮指的暴行的元凶，不是單單德國而已，也包含了他們的法國同路人。書中的孩子無法活著訴說他們的戰時故事。

在二戰結束許多年後，法國人才姍姍來遲地承認他們有許多同胞都參與了驅逐法國猶太人和沒有法國國籍的猶太人。他們也不甘不願地承認共產黨員在反抗行動中的重要性，儘管他們強調戴高樂將軍與其追隨者才是最大功臣。然而，我在一九五二至一九五三年第一次出國遊學的那段期間，我所認識的法國人中鮮少人想要談論二戰。他們的記憶太過痛苦，而且在某些案例中，還夾雜著一絲絲的罪惡感。實際上，許多法國人民不分男女默默地接受了德國的占領，而且還有許多人支持貝當元帥執政的賣國政權，這與我們美國人被引導相信的事實相距甚遠。過了許多年後，才有法國人（有男有女）願意向我訴說他們的戰時記憶。

在這些親身經歷二戰的歐洲友人中，法國的戰時經驗在這項研究中率先登場，主要是因為我和法國有長期的連結，加上我有機會接觸兩位傑出的當事人，他們會在接下來的兩章出場：先是亞蘭・布里奧特，接著是菲利浦・馬夏爾。布里奧特和馬夏爾都承受了父親缺席的痛苦，其中一位的父親雖然是軍醫，但在戰爭爆發前夕就過世了，另外一位的父親則被德軍所俘，被監禁了將近六年的時間。這兩位男孩在戰爭期間，大都與他們的母親和手足待在鄉間，當地的居民主要是農民和其他非中產階級鄉下人。兩人都深知飽受飢寒交迫和流離失所之苦所造成的剝奪感。兩人也都飽受德軍所帶來的蹂躪毀壞之苦，以及盟軍的轟炸。然而，兩人的經歷也存在著巨大差異。他們的敘述顯示了，兩個在階級和經歷上多少相仿的男孩，怎麼會出現截然不同的觀點。對菲利浦而言，戰爭是一個全面性的災難，法國人沒什麼好自豪的。對亞蘭而言，戰爭也是一個全面性的災難，但有一些法國人（包括他的母親）展現了英勇的行為。他們兩人做為一組，他們在德國占領法國期間的日常生活故事，既互為映照也彼此衝突。

第二章　反抗

透視法國「自由區」

亞蘭・布里奧特的父親是法國預官，在他只有兩歲的時候，被徵召上戰場。他後來在一九三九年六月四日的敦克爾克戰役中被德軍所俘，在接下來的五年裡，他在德國北部濱臨波羅的海的波美拉尼亞地區的各個戰俘營中不停地轉換。亞蘭七歲的時候，他的父親重獲自由返家。在他的這段人格成長時期，父親的缺席將會對年幼的布里奧特產生深遠影響，而且持續一生。

一九四一年，亞蘭・布里奧特的母親帶著三個孩子——亞蘭還有他的姊姊與哥哥，舉家從德軍占領的巴黎，搬到自由區，這裡由菲利浦・貝當元帥執政的維琪政府所統治。他們滿懷希望前往。「大家在一九四一年初就在耳語這個新興的、躍躍欲試的利穆贊地區反抗運動，」他寫道，「我們從未懷疑，它將會出現驚人的成長，而在對抗德軍的占領上扮演舉足輕重的地位。」

他的回憶錄《無限期》在二〇一六年出版，我在此翻譯節錄其中的片段。

在德軍占領巴黎的頭一個月，所有事情彷彿串通好似的，要讓我們在巴黎的生活愈來愈艱辛。英軍展開了夜間第一波轟炸首都的行動。刺耳的空襲警報聲響起，把我們從原本已經難以入眠的睡夢中喚醒。我們帶著簡陋的防毒面具，安靜無聲地迅速進到地窖裡，這裡已經變身成一處地下防空洞。我們在黑暗中坐在匆促改造成長板凳的板子上等待著，邊吸著地上揚起的塵土，地面散發出陣陣令人作嘔的老鼠屎氣味，和汙水管飄散出來的惡臭味。我們焦急地等待著警報解除，或者迎來更糟的情況。

隨著我們住家公寓的暖氣供應被中斷，我們開始飽受挨凍之苦。我們和許多巴黎人一樣，常常在下午時間來到地鐵站取暖。比起挨凍，我們更常餓肚子。拿到食物配給卡，哥哥自願到雜貨店換取食物，站在店門前長長的排隊人龍中等候著。他很審慎地使用我們的食物券來換取食物，設法換得一些牛奶、麵包和馬鈴薯回家。我的母親所收到的微薄軍官薪俸（在戰俘營裡，我的父親幾乎無法保管自己的任何東西），不夠我們拿到黑市交易，黑市很快就在首都發展起來。只要有錢，就能買到任何東西。在付了公寓房租後，我父親的薪俸所剩無幾，無法支應我們四個人日常生活所需。媽媽已經為我們犧牲了許多：她犧牲自己只吃一點點，因而大為消瘦。她開始考慮是否要搬到鄉下，好讓我們能用更少的花費過更好一點的生活。一九四一年初冬，我的母親決定從巴黎搬到克勒茲省（自由區的一個行政區；然而，包括巴黎在內的北法，則屬德國占領區直接受其管轄，在南法的自由區表面上由法國人自行管轄）。

「自由區」。在我當時的年紀，很難理解自由區的意義，儘管如此，自由區對我而言，似乎就是一個不會再有德國士兵威脅我們、逮捕我們、殺害我們，甚至是

亞蘭·布里奧特（中間者）、母親、兄弟姊妹與表親。攝於克勒茲省，1942。

要比這些都更令我感到驚恐的夢魘，拆散我們一家的地方。

「自由區」——我的母親那時候三不五時就提到這個詞彙，而從不說「南部地區」。她似乎緊緊抓住了「自由」這個字眼。當她說出「自由區」時，帶有一種幸福的共鳴感，彷彿這個詞彙劃出了一塊樂土，在那裡我們不會再過著痛苦的生活，在那裡我們不會再感到恐懼，在那裡我們可以愛吃多少就吃多少，在那裡我們母子四人可以繼續一起生活。

自由區正在前方迎接我們。

當時，我們萬萬沒有想到，它最後竟然會以如此蠻橫的方式告終，那種平靜安穩的生活與表面的和平不會持續太久。

當時，我們完全沒有料到我們即將前往的目的地，要比我們離開的地方更加危險，我們避難到一個小村莊，那裡將會比我的母親想方設法要帶著我們離開的大城市，更加凶險。我們萬萬沒有想到，在戰事最猛烈的最後幾個月，克勒茲省將血流成河。

在整個戰爭期間，媽媽總是精心打扮，因為這攸關面子問題。她永遠不會穿著脫針的褲襪出門，即使只是出門購物或是到郵局也一樣。我們住在大城市的時候，她從來不會不戴上手套就出門，隨著季節的不同，她的手套材質通常就是皮製手套和網狀手套在更替，她也從來不會不帶著她的那個真皮黑色大錢包出門，錢包上面有個鍍金扣子，象徵著主人昔日過著富裕的生活，她仍然用這個錢包來裝錢和身分證件。在我們啟程前往自由區前，媽媽在外套上別了一個女用胸針，她把它當作是她的幸運符，那是我的父親送給她的訂婚禮物，那是一個用藍色寶石綴飾眼睛的海馬造型銀製飾品。在我看來這個海洋動物實在不怎麼美麗，但媽媽賦予了它帶來好運的神祕力量。

我的母親在採取冒險行動時，果決而明快，不會想太多。我們抵達克勒茲省後不久，她就開始在許多彼此立場經常相反的反抗軍組織之間穿梭，居間協調聯繫。她經常不顧危險，騎著單車執行那些任務。兩大反抗陣營共產黨與戴高樂主義者的領導者，在許多觀點上，諸如反抗手段、作戰指導和戰後組織等等，出現歧見。而這對於減輕基層反抗軍成員的任務，沒有任何幫助。這些沒沒無聞的反抗者被要求派發反抗組織發行的小冊子和報紙，他們繼續隱身在幽暗的陰影中，恪遵組織的命令以及完成他們的任務，儘管大都是些很難引人注意的不顯眼任務，但仍然非常危險。

至於我的母親和大多數的法國人民，他們投身反抗運動是出於一種自然的反應，他們秉持無私、純潔和自動自發的精神，自願參與超越政治的反抗運動。不論有沒有貝當元帥，法國人都不能成為德國人。第一次世界大戰凡爾登戰役的勝利國人民無法接受自己的國家淪落至此。就和許多法國人一樣，我的母親相信貝當正在以自己的方式抵抗德軍，儘管他當時在玩兩面手法。那不是高貴的行為，也不光彩，但有人可以接受。在貝當元帥公開宣布他要與納粹德國攜手合作的那一刻，我母親的幻想破滅了。南法自由區在一九四三年十一月告終，迫使她終於接受這個事實，也促使我的母親更加堅定反抗占領者。

一九四〇年七月底，國際紅十字會正式通知我的母親，他們確認我的父親被關在波美拉尼亞的葛羅斯－柏恩戰俘營。他們表示，他的健康良好。我們可以寫信到郵簡上所附的地址，透過他們寄包裹給我的父親。從那時候起，媽媽就對國際紅十字會表現出幾近盲目的信任感，至少，它是戰爭初期唯一展開具體行動、定期關懷戰俘的國際組織。

我的父親後來獲釋從德國返家，他在提及這段經歷時，特別強調紅十字會總是細心地把他們的包裹集中打包好後，定期寄送給他們。他總是迫不及待地想要收到包裹，因為通常裡面會有刮鬍皂（很少會被漏掉）。有時候，會收到兩組雀巢甜味煉乳，還有少許方塊巧克力片，讓他非常開心。

我的母親寄送的包裹相比之下要寒酸多了，但隨著我們來到克勒茲省，媽媽準備的包裹也變得豐盛些。我們居住在一個資源貧乏的村莊。基本上，媽媽所準備的包裹主要是以本地一些小農的畜牧場出產的食物為主：鹹豬肉、乳酪（勒克茲省製作的乳酪比石頭還硬）、乾堅果、蘋果（又小又酸，她用報紙把它們包好），有時候會附上一罐蜂蜜。此外，她還從我們微薄的食物配給中，取出若干代用咖啡和幾塊方糖，還有跟鄰居買的內衣、襯衫和T恤，以及一些她自己親手鉤的羊毛圍巾、襪子和毛衣等等。

媽媽從我父親的來信中得知，被擄軍人在衣物上的簡陋寒酸，也是造成他們每天都飽受折磨的原因之一，遇上寒風刺骨的凜冽冬天，又格外難受。遑論那些在六月被俘擄的軍官，他們穿的都是夏季軍服，當然也沒有攜帶任何行李。

有了家人和紅十字會寄送的包裹，讓他們的處境稍微獲得了改善。但襪子的問題，依舊跟著他們進到墳墓。無論是法國或德國，襪子的供應都趕不上需求。如果他們被關押在下雪的國家，很容易就把襪子穿破，更不用說那些被判決要做長途行軍的戰犯。

無書可寄這件事讓我的母親感到心煩意亂。反倒是我的父親再三安慰她，說他的巴黎袍澤們（他們什麼書都讀，有些人一星期可以讀三四本書），會從他們居住於城市的妻子那兒收到她們寄來的一些書，此外，形形色色的戰俘援助協會也會寄書過來。儘管遭到德方的責怪，但為了因應這些源源不絕寄來的圖書，葛羅斯－柏恩戰俘營興建了一座圖書館，藏書主要集中在盎格魯－撒克遜文學，《飄》也設法進到了鐵幕。

說到「貝當致贈」的包裹——戰俘會在一些特殊場合或節日收到，尤其是聖誕節，我的父親對自己因敵不過飢腸轆轆而收下這份禮包，感到有些羞愧。但他就快要餓死了，波美拉尼亞的冬季又讓飢餓感更加強烈、無法忍受，他顧不得自己的羞恥心，把貝當元帥禮包裡的餅乾狼吞虎嚥吃下。為了平撫自己的良知，他和其他跟他一樣不喜歡貝當的同袍們，把這位法國元首的相片，數量多到數不清，以及所有宣傳冊子都丟進他們牢房內的一個大火爐燒了。

我看著媽媽把要寄送的一個個小包全部集中起來，放在餐桌上。她全神貫注地做著手上的工作，完全無視我就在旁邊。我看著她無比細心地把每一樣東西，用一張破舊的長條紙或舊報紙包好。我看著她，把所有小包都裝進一個大箱子裡一個貼著一個放好封箱，她用細心摺疊的小塊厚紙板填塞空隙，有時候，會整個重來，把小包的位置調整到更緊密，不留一點空隙。我看著她，用一條粗繩子在箱子上纏繞幾次後打結封箱。我看著她用墨水筆填寫申請表和要貼在箱子上的標籤貼紙，她用早年在巴黎聖心堂創辦的女子學校受教所習得的細長斜體字填寫，完成整個裝箱作業。

看著我的母親把注意力全都投注在這個男人——我的父親，這個我不認識的人身上，我會感到嫉妒嗎？一個人有可能會對一個遠在天邊、我們只有在禱告的時候才會想起的人，感到嫉妒嗎？一個人有可能會對一個在來信結尾，寫著「最重要的是，不要因為我而剝奪了你的幸福」（我的母親常常噙著淚水讀給我們聽）的人，懷著惡毒的卑劣情感嗎？對我而言，這個抽象的人物，這樣一個受到尊敬的神聖存在，「這個囚犯」，只有在我看著那張放在媽媽的床頭櫃上的照片時，才變得具體起來，我偶爾會帶著害怕的眼神偷看一眼那張照片。

一九四二年十二月初——我的父親先前已經轉移到阿恩斯瓦爾德，媽媽想要為即將到來的聖誕節留下紀念，也為寄給我的父親的包裹增添光彩，於是想出了要附上一幀我們穿著禮服拍照的大張相片。她決定帶著我們到利摩日一個專業攝影師那兒拍照。利摩日最近才被德軍占領，是個比蒙呂松更遠、更大的城市，當地有許多商店。這趟出門是一次不折不扣的遠行，花了我們足足三天的時間，因為克勒茲省和上維埃納省這兩個毗鄰的省分之間，只有零星的交通接駁。我的母親在這趟遠行中，一如既往地展現了她的旺盛精力和堅毅不拔。

我們晚上在利摩日一家旅館下榻，這是我人生第一次在旅館過夜。那是一次令我大開眼界的神奇時刻，因為我住在建設相對簡陋的鄉下村莊，那裡沒有自來水和電線，我們必須提著沉甸甸的木桶到水井打水。老舊的旅館電梯裡有一面大型立鏡，你可以在鏡中從頭到腳看見全身的自己；沖水馬桶的鏈條配備了一個瓷製把手，還有按鈴，所有這些陳設、物件都令我大開眼界。我就像小公子方特羅伊＊一

＊譯注：英國作家法蘭西絲・霍森・柏納特（Frances Hodgson Burnett, 1849-1924）同名作品裡的主角名字。

樣，一一嘗試這些物件，我只是想要看看它們有什麼功用，置身在這間寧靜的外省旅館裡，予人一種不受戰爭干擾的世外桃源感覺。早上，他們把早餐送到我們房間裡，用一套精美的餐盤盛裝食物，還用小花裝飾點綴，不過他們對奶油和果醬的供應很吝嗇，而且咖啡有一股怪味。他們還幫我們把行李袋提下樓，或應該說是我們僅有的一袋東西才對。整套服務流程一如戰前，循序完成。

替我們拍照的攝影師了解，他必須拍一張讓人看了安心的照片，一張令人看了會感到寬慰的優雅照片。然而，這張照片卻透露出了有哪裡不對勁，與事實不符。我們的表情看起來似乎比平時更拘謹，但面露安詳，我們的臉光滑細緻，顯然營養良好，我們的表情非常平靜，彷彿我們在鄉下過著安逸的生活。我的父親將會很驕傲地把照片拿給他的同袍們看，一個美麗高雅的女人被一群漂亮帥氣的孩子，也就是他的孩子們所圍繞。

隨著盟軍在一九四四年六月十日登陸成功，潰敗的德軍變得更加絕望而孤注一擲，展開了更多報復性攻擊行動。儘管納粹德國的親衛隊「帝國」裝甲師正朝著我們的村莊逼近，危險迫在眉睫，我們卻完全不知道，甚至不認為我們會面臨威脅，在幾個星期前，五月的某天早上，我的母親在潮溼的草叢中發現了一具白色的帆布降落傘，那是有人在晚間遺留下來的。盟軍在登陸前的幾個星期，就已經開始用降落傘把武器和照明彈空投到法國內陸地區。潮溼的草地上留有足印，但飛行員（一定是英國皇家空軍飛行員）已經不見蹤影。在初升的旭日照耀下，這個漂亮的潔白帆布降落傘熠熠生輝。我的母親起初嚇了一跳，但很快就恢復鎮定，她拾起降落傘，把它摺好。她思考了片刻打算要燒掉它——她必須做得不留痕跡，以防德軍朝我們這個偏遠的村莊逼近而來，但她最後決定不這麼做，因為火光會驚動鄰近的農場。

於是，她把降落傘摺成一個小包，而且盡可能摺得平整，然後把它藏在橡木林外圍一道小矮牆的大石堆下面。要銷毀這個信號，她做不到，我的母親和所有其他法國內陸地區的反抗者一樣，幾個月來都在引頸期盼著這個信號的到來。這個從天而降的信號，讓我的母親重燃希望和勇氣，甚至鼓舞了她變得更加勇敢無懼，這個信號無異宣告了盟軍很快就要登陸了，唯一的問題只剩在哪天登陸而已，同時也宣告了盟軍將會成功，光復法國的行動即將展開。如同所有的光復行動，法國的光復將會以超自然的方式突然發生、光亮奪目，而且以勢如破竹之姿迅速終結戰爭。我母親的信心本來就很大了，但戰爭又更加強化了她的信心。面對危難，她會尋求「她的聖徒們」的幫助，其中又以來自利雪的修女*和拿撒勒的木匠†是她的最愛；或是唱歌，她會唱歌劇中的詠嘆調、流行情歌，以及從廣播聽來的歌曲。

她在當時可曾想到盟軍的強勢進攻將會引發德軍在法國的一個化外之地，展開出乎意料之外、令人髮指的反擊行動呢？這裡會發生戰爭，彷彿是不可思議的事情。戰爭將會發生在一個遠離前線和戰略軸心的地方，一個能源和資源匱乏、被遺棄的窮鄉僻壤。一樁無法挽回的罪行將會發生在一個遠離盟軍登陸的海灘的村落，卻離我們的村莊非常近，非常靠近我們的住家，離我們只有咫尺之遙。

在接下來的幾個小時，我們得知格拉納河畔的奧拉杜爾村發生了大屠殺的慘劇。在那天白日將盡之際，一個目擊者說出了這個不幸的消息。全村慘遭滅村，六百四十二個村民全部遭到殺害。女人與孩童全被反鎖在教堂裡，只要有人想逃跑，德軍就用機關槍掃射：總計有二百四十七個婦女和二百零五個兒童遭到殺害。男人則分別被帶往六個穀倉和棚屋裡，機關槍已經架好，地面灑上汽油，接著點火引燃。這場惡名昭彰的大屠殺事件的元凶是納粹德國親衛隊的第二「帝國」裝甲師，由阿道夫．狄克曼指揮。

當奧拉杜爾村還在繼續燃燒，熊熊烈火照得天空通紅時，一個利摩日的反抗軍成員打電話到我們村裡的郵局，說出發生了什麼事。然後有個少年馬不停蹄地通知附近聚落這個慘絕人寰的消息，他騎著腳踏車很快就來到我們家。我們當時正在吃晚飯，他的出現讓我們大吃一驚。聽了他說出令人悲痛的消息後，我看到媽媽臉上露出驚恐的表情，儘管當時我年紀還小（六歲多一點），卻明白那場慘劇有多麼恐怖和嚴重。我再次感覺到危險正逼近我們而來。

法國自由射手游擊隊稍後確認了這個慘絕人寰的滅村行動，揭露了這樁極其殘忍的大屠殺事件。

---

* 譯注：即聖女小德蘭（Saint Thérèse of Lisieux, O.C.D, 1873-1897）。

† 譯注：即耶穌基督。

在德國方面，他們設法用恐嚇或死亡威脅逼迫飽受驚嚇的居民，對這樁暴行保持噤聲。

上維埃納省格拉納河畔的奧拉杜爾村毗鄰克勒茲省。克勒茲省清澈、寧靜的河水穿越上維埃納省，與其境內的河流匯流。自百年戰爭、宗教戰爭起，這裡的河水靜靜流淌了數百年從未受到任何侵擾，沿岸地區亦然，靜謐的河岸風光吸引著藝術家的目光，這裡的河水從未被鮮血染紅。

突然間，我們的庇護所消失了。

來自巴黎的消息給了我們信心。一九四四年八月二十五日星期五，巴黎被解放。戴高樂將軍在夜晚抵達巴黎。隔天，二十六日星期六，他沿著香榭麗舍大道往下走，被水洩不通的擁擠人潮推著往前走。當他抵達聖母院時，屋頂的禮砲鳴響歡迎他的蒞臨，發出了激動人心的終極回聲。他踏著從容不迫的步伐，莊嚴地走進教堂正廳。由於樞機主教曾在幾個月前在聖母院陪同貝當元帥，而被要求不要出席這場活動。禮砲的回聲再次在教堂裡迴盪著，卻未劃破詩班演唱〈聖母讚主曲〉的合唱聲。這樣的氛圍恰好輝映了詩人佩吉所寫的詩句：「聖母院無懈可擊的尖塔，永不倒下。」

我們重新得著力量，我們在克勒茲省必須再撐過一年。

戰爭尚未結束。

從盟軍登陸諾曼第的那一天到德國投降，我們必須再忍受幾近一年的時間直到一九四五年五月。此外，我們在一九四四年至一九四五年間的那個冬季，還得經歷一種新的雪地埋葬方式。

有好幾個月的時間，我的父親下落不明。我當時對於籠罩在我們四周的焦慮不安氛圍，只覺得懵懵懂懂，而這樣的氛圍又因為我的母親而愈發明顯。我可以從她的臉上讀出，也能從她的緊張不安中感受到那股焦躁不安，因為她始終靜不下來。她看起來總是在看著錶、望著窗外等待郵差的到來，她在等一封信、一張郵局捎來的通知、一封來自國際紅十字會的信件。

我們沒有電話，我們的村裡沒有一戶人家有電話。我們要打電話就必須到鎮上的郵局。

在巴黎和省會這類大城市裡，電話有助大家忍受等待的焦慮。戰俘的妻子們可以聯絡上他們的摯愛、互通消息、打電話給紅十字會或援助中心，以及從外交行政人員和外國使館得到消息。他們可以探聽出第一批被遣返回國的戰俘會在哪裡集合，得知他們的預定行程，以及返鄉的日期。我們在克勒茲省避難的村落，它的孤立位置使我們得到保護——經過我們鍥而不捨地尋找，在歷經千辛萬苦後終於找到的庇護之地，如今，卻加深了我們的不安。

在那一季的冬天結束之際，我肯定是在一九四五年四月底左右，我的母親收到了一個來自日內瓦的前兆——國際紅十字會發出的一封電報。

電報上說，我的父親剛獲釋，目前人在德國下薩克森邦的維岑多夫集中營。不過，電報並沒有提及任何關於他被遣送回國的日期，也沒有提到他的返鄉狀況和健康狀態。從那時候起，我的母親又開始騎著她的腳踏車穿梭來回。

她決定每天前往離我們村莊最近的多姆山省的吉阿火車站，等候從巴黎發車、載送戰俘回鄉的傍晚列車。

她希望自己人就在返鄉列車的停靠月台迎接父親的歸來，就像她在一九三九年九月的某一天，在巴黎東站送別我的父親一樣。

一九四五年五月，她覺得多姆山省那間小火車站，就是迎接我的父親返家的車站，而且她理當是第一個迎接他的人。她在抵達的人群中沒有看到我父親的身影，於是她向每個從擁擠的火車包廂下車、克制不住心中的狂喜、迫不及待地飛奔至愛人的懷抱中的戰俘，打聽我父親的下落，然而他們也無法回答她。就在火車已經開動駛往另一個目的地的時候，有些人從敞開的車門大喊：「等等，再等一等，還有其他火車會陸續抵達。」

我的母親從那時候起，每天都在下午將盡時才離開車站，有一次，我們已經放學回家了，她還沒有回來，那天她直到深夜才回到家。她每天騎著腳踏車來回超過四十公里。她說，這段來回的長途旅程並不會讓她感到筋疲力竭，反而舒緩了她的緊張焦慮，讓她感到平靜。她說，在回程途中，她喜歡聞著田野散發的香氣，傍晚的清涼空氣有助她恢復精神。她不怕騎著腳踏車行經田野，以及穿過在戰爭末期遭到蹂躪和與血腥的淨化活動所影響的地區裡，那些遠離人煙的荒涼危險道路。

反抗者、法國自由射手游擊隊、馬基游擊隊、喬治・廿古安領導的游擊隊、

「第二十五小時反抗者」，在戰後搜索「通敵者」、「維琪主義者」與「黑市牟利者」展開報復。恣意被逮捕、就地處決、被囚禁的婦女、被剃光頭的婦女和遭到最慘無人道的強暴的婦女人數，持續在上升中。在這場「清洗」事件中，在眾多的案例裡，婦女成了代罪羔羊。她們不僅要為自己的罪行，也要為男人的罪行贖罪。而她們的罪行相較於男人，當然是可被寬赦的。

在一九四五年四至五月期間，所有事情都在加速進行著。隨著蘇聯紅軍進入柏林，希特勒在四月三十日自殺，德國於五月八日宣布無條件投降，全面從前線撤退。

我們的幸福（雖然不多），完全以媽媽對我們的愛為重心，我們也以同樣強烈的愛回報我們的母親；除此之外，我們不知道其他的幸福，我相信無論是我的姊姊還是我，也不想要其他的幸福。但是，我的哥哥跟我們不一樣；他不再是小孩子了。學校教育與實習，使他變得強悍。加入馬基——反抗德軍的游擊隊——促使他提早進入成年期和男人的世界。他已經取得獨立，而且不斷聲明他已經獨立了，他是絕對不會再走回頭路了。

儘管這段時日我們經歷了考驗和磨難，我們居住的村莊對我們而言卻是一個神奇的地方，帶給我們歡樂，我們在這裡茁壯成長。我們不敢置信我們就要離開這裡，而且沒有任何轉圜餘地，無論如何都必須跟這裡道別。這裡被原始的野生自然美景所環繞，也庇護了我們在這裡生活、成長，而能活出自己。

有一天晚上，媽媽聽到了汽車引擎的震動聲，聽起來似乎就停在我們家門口。她從床上起身，跑向窗邊。透過汽車頭燈，她看到了兩個男人站在車外，望著眼前寂靜無聲的屋子。她馬上認出了那個瘦削、年輕的身影，就是我的父親，他當時還不到四十歲，身上披著一件長外套。

她站在窗邊大叫出來，呼喊著他的名字，她顧不得身上只穿著一件睡衣，打著赤腳，頭髮也沒有整理，就直衝屋外。

面對著我的父親、面對著她已經差不多六年沒有見到的丈夫，她的雙手捧著他的臉，盡可能貼近他的臉凝望著眼前的人，久久不發一語，彷彿在期待著能從他的臉上看到那些她記憶中熟悉的特徵，那些她擔心經過長時間的分離後，可能已經失去的特徵。說來奇怪，當我們所愛的人離開我們，隨著歲月流逝，他們臉上的特徵比起他們所留給我們的回憶會在我們心中變得更加模糊。

她把他的頭一下往右轉，一下往左轉，彷彿想要確認他的頭保持完好，運作正常。但當她用手溫柔地滑過他的臉龐時，她感覺到他的臉上有了皺褶的痕跡，他的前額增添了深刻的皺紋，頭髮脫落了，牙齒也掉了幾顆。她看著他的眼睛，看到了淚水從他的眼眶滑落。她把他緊擁在懷中，輕撫著他，她的手指觸碰到了從他瘦骨嶙峋的身軀中突起的一根根骨頭。他的身軀鬆垮地裹在衣服中。

但他只是微笑著。

除了笑，他無法用任何其他方式，表達此刻的感受。他說不出話來。他不發一語，沒有一個字從他口中吐出。他笑是在說他還活著，他熬了過來，他想方設法要回到我們身邊。他笑是在為自己不稱頭的外表、一身破爛的衣服和瘦骨嶙峋的身軀感到抱歉；也為自己飽經風霜的臉龐，以及無法克制的淚水道歉。他為能再次找到我們，喜極而泣。他怕我們認不出他而哭泣。

在戰俘營的時候，他強忍住所有淚水不哭，現在，他可以盡情地宣洩了。

第三章 德國占領區

諾曼第的刺骨寒冬

菲利浦・馬夏爾一九三四年出生於中南半島，他的父親當時是一名軍醫。他們在那裡待了幾年後，隨著父親的調職來到法屬索馬利蘭，他的父親後來死於當地。就在二戰爆發前夕，他偕同母親還有妹妹回到法國。他們一家戰時就住在諾曼第，後來這裡被德軍占領。菲利浦從小就對文學、歷史和藝術產生濃厚興趣，這源於他有一個敏銳和充滿好奇心的心靈。

我與菲利浦相識四十年。我經常受到他的熱情款待，他的舉止老派有禮，文化知識淵博。這些年來，我經常詢問菲利浦在二戰期間的童年生活，他也不吝提供我許多他的戰時童年故事，讓我受惠良多，以至於我開始感覺到我與他的過去產生了連結。菲利浦最近寫了一篇短篇回憶錄，而由我把它們從法文翻譯成英文。

我的父親來自法屬圭亞那，一九二〇年在法國波爾多接受醫學教育，接著進入法國陸軍海外部擔任軍官；由於他擁有四分之一的黑人血統，因此他認為在海外殖民地服務，受到的種族歧視會比在法國本土少。在服醫療役數年後，他在巴黎休假的期間與亨利．布林克特的女兒成婚。儘管他是黑人，她的家人卻能拋開偏見，接受這位優秀的上尉軍官加入他們的家庭。

我的父親在中南半島繼續他的軍醫生涯——那裡當時是法屬殖民地，包含了今天的越南、寮國和柬埔寨——他被派駐在越南東京北部的朗松醫院。我在一九三四年出生於當地，一年半後，我的一對雙胞胎妹妹接著誕生。

我們只在那裡待了三年，但這段經歷卻促使我的父親開始對法國的殖民制度，展開嚴厲的抨擊。在他看來，法國官僚大都是種族主義者，一心只想剝削當地人，以牟取最大利益。一九三四年，他預言：「如果法國繼續一意孤行，不思改變，她將會失去中南半島，接著也會失去阿爾及利亞。」但是，沒有一個人把他的警告聽進去。

我的父親後來晉升為法屬索馬利蘭衛生部長，我們全家跟著搬到首都吉布地市。他的任務是擴建和現代化當地的醫院。吉布地位在赤道，氣候惡劣。我的父親沒多久就因為繁重的工作和惡劣的氣候而病倒，感染副傷寒，在一九三九年六月十八日驟逝，得年四十四歲。

我們搬回法國，投靠我的外祖父母，跟他們一起住在他們在諾曼第昂代爾河畔弗勒里一處村莊所承租的一間大宅院裡，這裡距離盧昂二十公里。當地人稱這棟建築物為「城堡」，因為它有一棟古老的鴿舍，這是一種古代的貴族標誌，但它和普通的鄉間大宅其實並沒有什麼不同。我們在一九三九年九月九日法國正式向德國宣戰的前夕及時搬來，距離我父親過世不到三個月，而我剛過五歲生日。

在戰爭初期，也就是所謂的「假戰」期間*，在那段對德公開宣戰的頭八個月

---

*譯注：指納粹德國在一九三九年九月波蘭戰役開始，到一九四〇年五月法國戰役開始前的那一段沉寂時期。

前導戰期間，昂代爾河畔弗勒里的鄉村依舊平靜無波。有一天，我的外婆發現我在胡亂塗鴉。我那時候想像著自己像大人一樣收到了郵件，而嘗試要模仿我眼中那些神祕的書寫符號。於是，外婆很有耐心地開始教導我認識字母，我在一九三九年十月上小學前，早已經把所有字母都學會了。我的母親出於她的社會偏見，送我進私立小學。上帝不許我們和村莊裡那些調皮的小孩一樣去上公立學校！不要和他們在一起！托克維爾太太是學校的校長，也是唯一的老師。她極度敬虔。她天天都以主禱文和向聖母馬利亞祈禱開始每一天。我記得在聖誕節的時候，我們三個小孩每人都得到了一輛腳踏車，然後我們騎著它在庭院的小徑上瘋狂地「尬車」。

一九四〇年四月，軍事災難登場。甚至連我們的外公，他是前陸軍司令，都被徵召上前線。我們的焦慮愈發加深。戰爭向我們逼近的第一個徵兆嚇壞了我們：我們隔壁的村莊沙勒瓦勒遭到轟炸。那麼，弗勒里接下來會發生什麼事呢？

一九四〇年六月，德軍日益逼近，我的母親決定逃離我們的村莊。於是，她租了一部車載著包括外婆在內的五口人，往西開去。我不記得我們這一路上經歷了哪些重大考驗，我只記得我們一路往西駛去直到遠方的旺代省，最後在聖弗洛朗德布

菲利浦・馬夏爾5歲，於昂代爾河畔弗勒里，驕傲地戴著學校的榮譽徽章，1940。

瓦城堡避難，這裡靠近永河畔的拉羅什。這間城堡為克蕾女伯爵所有，我們抵達時，她親自來接待我們，並且協助安頓我們，安排我們住在一棟長形建築物裡，它的側翼有一間新哥德式風格的小教堂。這裡沒有自來水，也沒有電；這裡使用乙炔燈做為照明設備。

在這段充滿凶險的時期裡，我迫不及待地盼著八月十二日的到來，這天是我的生日，我即將滿六歲。我一心盼望著能有一個小型生日派對，我知道有個蛋糕在製作中。掃興的是，我在生日當天早上發燒，而那不過是我在接下來一段很長的歲月裡，所罹患的一連串內科及身心相關疾病的開端罷了，偏偏我總是在最不恰當的時間發病，而疾病毀掉了我的幸福。醫生診斷我得了副傷寒——那正是奪去我父親性命的疾病。沒多久，我的妹妹克羅婷也感染了副傷寒。所幸，我們兄妹倆後來都痊癒了。

幾個月後，有個住在昂代爾河畔弗勒里的朋友寫了一封信給我們，催促我們趕快回去。原來，就在我們離開後，納粹軍隊尾隨而至，他們發現我們的大宅邸空無一人，便鳩占鵲巢搬了進來，充作警備司令部。我們的房子被德軍占為己用和大肆破壞後，根本無法居住：門窗無一保持完好。

我六歲了。那個原本天真無邪的孩子正在改變中，我開始意識到戰爭的殘酷。回到弗勒里後，我親眼目睹了那些曾破壞我們家的衣冠禽獸的愚昧暴行。

納粹軍隊肆無忌憚地放縱他們積習成性的暴行。只要是他們看上眼的東西，無不大肆掠奪，洗劫一空。我們在吉布地的時候，一些病患送給我父親的禮物——一張華麗的地毯、一些銀製和象牙製的小飾品與漆器雜物，全被德軍劫掠一空。沒有被洗劫的也遭到毀壞。外公與外婆的家具全都被他們丟進壁爐裡燒了。德國人把我們家中陳列櫃（用來放置我們從中南半島帶回來的物品）的鉸鏈拆卸下來，以及把漆櫃上的石頭鑲嵌挖出後，全都燒了。此外，他們還開槍射穿了一個寶塔造型飾品內的鐘。

我的母親為此而憤憤不平了好幾年，經常說：「希望炸彈把那些偷我東西的德國豬（Boches，對德國人的輕蔑稱呼）的家，都炸毀了。」我則會回她：「我希望所有的東西都能在德國人的家中，被細心地保存完好。」我還會再加一句：「我們不是任何藝術品的擁有者，我們只是它的暫時保管者而已。」

當時還是孩子的我後來明白了，有一段時期，最邪惡的大屠殺暴行層出不窮，家園被毀和損失家具根本不算什麼。比起大屠殺，物質上的擔憂算什麼呢？

既然我們的房子無法居住了，外祖父母就在鎮中心附近租了一間有庭院的房子。弗勒里的市長知道我的母親會說德語，便邀請她擔任翻譯，只要每次有村民和占領當地的德軍軍官發生法律糾紛，就由她居間翻譯。媽媽每天晚上都會向外公和外婆報告一些事情，我雖然不了解她所說的每一件事，但我都會在一旁仔細聆聽，而聽到了一些隻字片語。我從他們的談話內容判斷，感覺到有許多人的行為令人不齒，因此身為法國人也不是什麼光榮的事情。

和大多數的中產階級一樣，我母親的家族支持貝當元帥。一九一八至一九四〇年間，貝當被視為一次世界大戰中的「光榮勝利者」，一九四〇年六月，法國分裂成北方的德國占領區，以及南方的「自由區」，他變成了法國的「救星」。中產階級非常保守，整體而言，他們普遍相信「被德軍占領要比布爾什維克勝利好」。

甚至連新聞媒體都不歡迎蘇聯，而對希特勒的暴行視而不見。我對一張刊登在報紙上的照片的恐怖記憶，始終揮之不去，那是一張對蘇聯極盡醜化之能事的照片：照片中慘遭蘇聯軍隊屠殺的芬蘭人的屍體，被堆放在一處地窖裡。

在托克維爾太太宗教氣息濃厚的教會學校裡，我被教導猶太人是壞人，他們是殺害上帝的民族，他們把耶穌釘死在十字架上！二千年後，敵視這種盜匪被視為是一種神聖的義務。而且，被廣為宣傳！牆上到處張貼著教人辨認猶太人的海報。以漫畫表現的猶太人側面肖像，總是有個誇張的鼻子，這點被看作是猶太民族的典型特徵。

在貝當的執政下，反猶太主義變成了準官方行動。在貝當政府所採取的第一波反猶行動中，有一項是禁止猶太人越過南北法的分界。一九四〇年十月十八日和一九四一年六月二日，某些特定占領區禁止猶太人居住。最後，最讓人蒙羞的時刻發生在一九四二年七月十六日，政府協助逮捕一萬三千多名猶太人，其中包含了五千個孩童，他們全被拘禁在一處體育館——冬季競輪場，後來，他們全都被送進了毒氣室。

所幸，在我們的村莊，這些意識形態上的動員因為當地居民的某種惰性而鈍化。昂代爾河畔的弗勒里有兩位醫生，其中一位是猶太人。村民十之八九都知道這件事，但因為病患對他的治療還算滿意，當地人也就沒有把他視為猶太人，也沒有去告發他。

在我七八歲的時候，我開始就我們客廳裡的兩尊雕像——兩尊逃過納粹掠奪的佛像——詢問我的母親。我的母親跟我解釋說，這世界除了天主教之外，還有其他宗教。於是，我問她：「如果我出生在印度貝那拉斯，我就會是印度教徒；出生在巴格達，就會是穆斯林；出生在非洲，就會是泛靈論者囉？」

糟的是，我竟然拿這些問題去問托克維爾太太，我的問題顯然讓她感到尷尬，她沒有回答我。她的反應讓我大吃一驚。一個人的信仰有可能取決於他（或她）的出生地、社會群體，或者純屬偶然罷了？果真如此，上帝在哪裡呢？所有關於恩典以及「與耶穌的特殊連結」的討論，似乎不足以推翻地理決定信仰這個明確的事實。我就這樣在不知不覺中，萌生了質疑宗教的種子，而生出了不計其數、持續一生之久的宗教疑問。

儘管我沒有親身經歷發生在猶太人身上的暴行，我卻學到了種族主義的痛苦教訓。昂代爾河畔弗勒里的居民主要是諾曼人，其中有許多是維京人的後裔。許多人有一頭紅髮，和蒼白的皮膚，有些人仍然保留了家族姓氏歐登（Odent），讓人想起斯堪地那維亞的神祇歐丁（Odin）。我的兩個妹妹和我擁有黑皮膚和一頭鬈髮，很難不受人注意。即使是在教堂裡，在上帝的同在中，本地的小孩還是忍不住嘲弄我們兄妹，稱我們為「黑鬼」（les bamboulas）——這是一個貶抑黑人的名詞。

我那時候並不知道，種族主義和反猶太主義在政治上是密不可分的。一九四〇年九月二十八日，一張張貼在維希火車站裡的海報上列出了一些特定族群的名字，他們被禁止通過自由區和占領區的邊界：「猶太人、摩洛哥人、黑人、馬提尼克人、印度支那人，以及一個通則，所有棕色皮膚的人。」

整個戰爭期間，我都是一個獨來獨往的孩子。四年來，我從未跟同齡的孩子玩耍。因為要我跟村裡那些沒教養的鄉下孩子玩耍，對我的母親，對她的自命清高而言，簡直不可思議！至於我的兩個妹妹，除了在飯桌上，我很少看到她們。早上，我在學校和托克維爾太太在一起。到了下午，我們調換角色；她倆取代我在學校上課，而換我在家寫作業。

幸運的是，藝術提供了我一個神奇的庇護所。首先，是音樂。一個星期中有兩三次，媽媽會打開一台立式大鋼琴的琴蓋，這台鋼琴一路跟著我的母親漂洋過海。我帶著崇拜的心情聆聽媽媽彈奏鋼琴：她熟悉貝多芬、蕭邦和拉赫瑪尼諾夫，以及當時在法國還不是那麼知名的一些音樂家，例如：布拉姆斯。至於廣播，我們只收聽古典音樂，對於流行音樂或是某種被稱為「爵士」的音樂完全一無所知。

最重要的是，我成了一個沉溺於閱讀的愛書人。我的母親從我們在本地的第一個住家搶救了大約二十本歷史書和傳記，它們成了我們碩果僅存的家庭藏書。我也在此時發現了詩的魅力。我在七八歲的時候，開始學習詩的韻律規則，這段充滿熱情的寫詩練習生時期，無疑在為我後來終身致力於讀詩和寫詩預做準備。

我也開始學習繪畫。我在四歲的時候，爸爸把蠟筆放在我的手裡，還陪著我畫畫告訴我如何使用蠟筆。幾年後，在弗勒里的那段戰時歲月，我會連續畫上幾個小時不間斷。

一九四二年和一九四三年的聖誕節，我的母親和外祖父母竭盡他們所能來寵愛我們兄妹，但當時玩具非常稀有又昂貴。有個美好記憶始終存留在我的記憶中：聖誕樹在小蠟燭和銀球的妝點下，閃閃發亮。即使只有很少的禮物，但因為都是全新的禮物，而讓我們開心不已！在戰爭開打後的第一個或第二個聖誕節，我的兩個妹妹都得到了一個洋娃娃，我則收到了一個穿著鎧甲的黎塞留主教小雕像。我們當然覺得自己備受寵愛。

只有一個扣分。我在我的一本童書中，讀到了一個家境貧窮的可憐小孩在平安夜的時候，把一隻鞋子放在壁爐前，結果他在聖誕節當天在鞋子裡發現了一顆橘子。看到這個故事，我大叫說：「我們竟然這麼窮，連一顆橘子都沒有！」

儘管有這些特別的節慶場合，四年來，我們其實過著飢寒交迫的生活，而且隨時擔心炸彈來襲。其中，食物匱乏是導致我們焦慮的主要原因。我的父親英年早逝，因此他所遺留給我們的退休金十分有限。除此之外，本地農民還有系統地利用食物短缺趁機在黑市牟利。

為了獲得任何微薄的食物，我們必須在雜貨店、肉品店和乳品店的門外排隊。一個星期中有好幾次，我們甚至要在刺骨寒風中等上四十五分鐘，才能進到店內，此時店裡的貨物早已被掃購一空。不過我有一次陪媽媽去採買，結果讓我發現了一樁祕密交易。我看到老闆東張西望，然後從櫃檯下面拿出少許客人想要的東西，而以哄抬的價格成交。然後，他環視四周，確定沒人知道這個暗盤交易。

奶油的售價飆漲到可以媲美金價。因為市售牛奶既沒有殺菌也不是低脂牛奶，因此提煉鮮奶油的過程得格外仔細小心。每個星期六早上，我都會自告奮勇製作酸奶，因為當製作過程進入到滑順的打發鮮奶油階段，我可以偷偷用手指蘸取一些來吃。噢，我到現在都還記得那個滋味！最後，一小塊奶油就成形了。那塊奶油可是非常珍貴的，因為那是我們家一整個星期的用量。到了隔天，也就是星期日，女傭照例會問一個老問題：「夫人，我可以刮一點點奶油塗在孩子們的餅乾上嗎？」刮？沒錯，那是正確的用字。

為了有雞蛋可吃，村裡的每個人至少都會養一隻母雞。養兔子甚至要更輕鬆省事。我和兩個妹妹很喜歡看這些小動物在牠們的小窩附近活動。我們會從附近的鄉間小路摘些青草回來，餵牠們吃。當祭五臟廟的時間到了，外婆就會偷偷把牠們殺來吃了。

外公是我們的恩人。為了確保我們有足夠的食物可吃，他在自己的菜園和我們的菜園裡辛勤工作。我不知道要多辛苦才能讓蔬菜幼苗長大。外公花好幾個小時在菜園裡澆水、修剪和拔除雜草。我自己有一塊小小的菜圃，於是外公就在這裡教我如何栽種胡蘿蔔、豌豆、四季豆和萵苣。看到家人終於吃著我自己種植的少量蔬菜時，讓我感到很驕傲。當馬鈴薯開始長出葉子，對抗甲蟲就成了最迫切的事情。其實，只要一點點硫酸銅就能夠遏止甲蟲，但現在是戰時，根本找不到硫酸銅，我和兩個妹妹只得各自手拿著一個小罐子，穿過一排排的蔬果，把每片葉子上的昆蟲和幼蟲一一捉進罐子中。然後，把這些捉到的蟲子丟進火裡燒了。

只有經歷過諾曼第的酷寒，才會知道寒冷的天氣可以給人造成多麼大的痛苦。曾經生活在豔陽炙烤下的吉布地，我們一家人對寒冷的天氣變得更加敏感。廚房是我們屋裡最溫暖的地方，供應暖氣的設備是一口固態燃料爐。在家裡的木柴快用完時，外公想出了一個應急的方法——用水果和蔬菜換取足夠的木柴，讓火爐得以持續燃燒。每天晚上，我們脫下衣服在廚房裡取暖。樓上的房間則冰冷到我們必須蓋好多條棉被睡覺。我們的女傭會預先在床單和被單之間放置一個老式的長柄暖床爐，來為我們暖床。

洗衣在這裡是一種奇觀，因此我和兩個妹妹從來都不會錯過。村裡的婦女（通常年紀都很大）推著沉重的獨輪車（裡面載著一包包要洗的大量衣物）到昂代爾河畔的市立洗衣房。在這裡，每個來洗衣的婦女都跪在一個三邊形的小洗衣板上，洗衣板的尾端泡在水中，然後手持工具搥打衣物幾個小時。她們洗衣的唯一樂趣就是聊是非。她們在洗衣房裡交換村裡的所有八卦消息。

為了避開繁重乏味洗衣工作中最辛苦的部分，我們家的女傭伊蓮娜在主屋外面的一個簡易房裡，使用一個大鍋子水煮衣服。碰到肥皂變得稀缺又昂貴時，她就用燒過的木柴灰燼來取代，把它當作一種漂白劑來使用。伊蓮娜把洗好的衣物拿到有陽光和清風吹拂的後院晾曬，她先把被單拿到懸掛在兩根柱子之間的曬衣繩上，把它們展開攤平晾曬。然後，再把其他衣物固定好晾曬。我和妹妹從來都不會錯過這個壯觀的場面。我們總是樂於幫忙，但基於我們有幫倒忙的經驗，所以每次都被伊蓮娜拒絕。

一九四四年，就在盟軍準備登陸諾曼第期間，他們轟炸德國的戰略防禦要地。美軍採取了最審慎保守的避險措施：他們的空軍中隊在一萬公尺的高空飛行，盡可能遠離德軍的高射砲。英國空軍的飛行高度則要低得多；當它們朝攻擊目標俯衝時，你可以馬上從轟炸機發出的尖銳呼嘯聲中，辨識出它們的身影。

但是，我們花了很長的時間才逐漸適應了從一九四〇年就展開的空襲行動。我們附近的大城市盧昂就飽受空襲（通常是在夜間）的凌遲，而被摧毀殆盡。美軍在高空投擲炸彈，但受限於高度太高以致很少命中鎖定的目標——塞納河上的大橋或是火車站，反而殃及附近的建物、設施等，幾乎全數被炸毀。

夜間空襲造成的大火，烈焰沖天，甚至連在弗勒里都可以看到盧昂方向的夜空被熊熊火光所染紅。

我們的村莊瀰漫著哀傷，有個年輕的弗勒里新娘前往盧昂，卻在婚後三個星期不幸於當地喪生，她穿著結婚禮服下葬。儘管我們會怕，媽媽還是得帶著我和一個妹妹去盧昂，妹妹要看牙，而我要去諮詢一個驗光師。這個無賴說服我們相信我難逃瞎眼的命運，但我在等待這個令人恐懼的失明時刻到來的期間，可以戴著他製作的一副要價昂貴的眼鏡。每次造訪盧昂，我們都看到戰爭造成的破壞，而且數量愈來愈多，尤其是塞納河沿岸。最後，從十八世紀以來興建的宏偉碼頭全被夷為平地。

盧昂大教堂有部分建築坍塌，北邊塔樓的屋頂起火燃燒，所幸，支撐巨大青銅尖塔的四根柱子依舊屹立不搖。但司法宮就沒那麼幸運了，它是全法最大的城市建築，建於中世紀，卻毀於戰火中成了廢墟。在個人方面，我們認識一個珠寶商，他的店面就在大教堂附近。我們有次去拜訪他，發現他的珠寶店已經被炸成了一個大洞。我們後來很高興得知在珠寶店被炸的當下，他人在對面的塞納河岸。

有很長一段時間，位在昂代爾河畔的弗勒里躲開了戰火的威脅。我們入迷地看著戰機在我們的上空飛過，飛往盧昂、勒阿弗爾或埃夫勒等地，卻不會感到害怕。

德軍不停地朝盟軍的戰機發射高射砲，有時候會擊中目標。被擊中的盟軍戰機，每次都會選擇脫離機隊，起火燃燒的戰機朝地面俯衝，撞擊地面後冒出濃濃黑煙。然後，有白色物體從天而降，那是降落傘。即使降落至地面隨時會有被抓的危險，飛行員仍不顧危險彈跳至空中。有天下午，一架戰機低空掠過附近住家的屋頂，然後猶如龐然大物飛過我們的村莊。它最後墜毀在田野裡，起火燃燒冒出濃煙。戰機飛行員顯然是為了拯救我們的性命，而放棄了逃生的機會，他沒有拉逃生索，選擇繼續把飛機開到離我們村莊夠遠的地方。他選擇犧牲自己。

有一天早上，我人在學校，大概十點鐘的時候，我聽到了轟炸機發出的轟隆聲正逼近而來，然後傳來了一陣令人顫慄的聲響：轟炸弗勒里的行動開始了。托克維爾太太告訴我們要誦唸祈禱文。至於我呢，我看著放在教室後面的那張桌子，想要鑽進桌子底下。之後，暫時恢復了短暫的平靜，伊蓮娜趁這個時候來學校接我。然後，新一波空襲接著展開。

我的母親、妹妹、伊蓮娜和我全都躲進了我們菜園後面的車庫，躲避空襲。車庫的混凝土屋頂不夠厚實，無法保護我們躲過任何攻擊。但因為沒有其他更好的辦法，我們繼續在裡面待了度分如年的十五分鐘，在震耳欲聾的轟炸聲中，我們抱在一起，每過一分鐘，我們就問一次下一次的炸彈攻擊是否就輪到我們了。當轟炸的隆隆聲停止，我們還是有些猶疑：離開這個掩蔽所，安全嗎？我們決定再等待片刻。然後，第三波轟炸開始。最後，終於有一段時間比較長的平靜期，我們試著放膽回到屋內。我們養的三隻寵物貓中有兩隻跟我們一起。其中一隻先前因為受傷而跛腳。

我們被恐懼攫住。我們無時無刻都在擔心空襲警報再度響起。在教堂做彌撒的時候，不時可以聽到彩繪玻璃掉落的聲音。我很害怕，因為管風琴發出了和轟炸機引擎聲一樣的聲音。我以為，我聽到的是空軍中隊飛抵的聲音。

大多數村民都認為，國道將會成為盟軍空襲的明顯目標。我的外公擔心我們的房子太靠近國道，因此強迫我們搬去他家。由於他在第一次世界大戰有挖戰壕的經驗，他在自家菜園挖了一個地窖，用木頭為頂，還在上面覆蓋了兩公尺厚的夯土。

我和兩個妹妹很討厭進到這個地下防空洞，因為所有人緊貼著擠在漆黑無光的地洞裡。所以在兩三個月後，當一場雨造成土牆鬆動，導致這個充作防空洞的地窖坍塌時，我們樂不可支。我們只得換到外公家中的地窖裡躲避空襲，他原本不認為這是適合的掩蔽所。

外公和外婆的住家靠近火車站，這裡是另外一個可能被鎖定的摧毀目標。所以，我們最後決定回到自己的房子。我們返家後不久，德軍徵用我們的兩個房間：我的母親收到一紙命令，必須供宿給一位德國軍官和他的傳令兵。不過，事情的發展不是太糟，這兩名德軍驚訝地發現他們竟然可以直接用德語跟我的母親交談。戰爭持續至今，他們顯然已經身心俱疲，沒了鬥志，也不再相信德國會贏得勝利。

那個傳令兵是個專業的音樂家。他會盯著家中的鋼琴看，但不敢碰觸。不過，為了找合適的聊天話題，他喜歡提他最喜歡的作曲家的名字。當我的母親問他戰爭結束後，他有什麼打算時，他吹噓說：「當我們贏得戰爭後，我會領導一個大型管弦樂團。」媽媽則大膽地反問他：「萬一你們輸了呢？」他嘆氣說：「那麼，我會有一個小型管弦樂團。」

德國軍隊受惠於占領法，這是以他們的需求為優先的法案。所以，他們一無所缺。當傳令兵帶著滿籃子的肉品、蔬菜和水果回來時，我們既驚訝又羨慕地看著他……，多麼豐盛的食物！他在我們家的灶台上備餐時，媽媽則在一旁看著他工作，說：「在三個餓得快要死的孩子面前煎蛋，你難道不感到羞愧嗎！」兩人只好和我們分享他們的部分食物。

大約就在盟軍登陸諾曼第期間，德軍從我們居住的小鎮撤離，他們沒有對我們展開強烈的報復行動：我們沒有經歷發生在其他地方的殘酷暴行，一如格拉納河畔的奧拉杜爾。

後來，有一天早上，一個謠言開始傳開：「他們來了！他們來了！美國人已經到了！」然後，村民紛紛湧出沿著村裡的道路，站在自家門前列隊等候。我們遠遠地就看到一列車隊從盧昂的方向，朝我們駛近。最後，它們終於出現在我們眼前！那是坦克車，龐大的坦克車！我可能之前就看過坦克車，報紙當然也會刊登德國坦克的照片。但是，當我現在睜大眼睛看著眼前的龐然大物時，我覺得自己是第一次看到這個令人目瞪口呆的機器。這些是真正的坦克，它們會動！坦克隨著履帶滾動前進，發出隆隆巨響。多麼不可思議的壯觀場面！

坦克的頂蓋掀起，一張張微笑的臉龐冒出頭來，他們站直身子露出上半身。然後，他們伸出手臂牽起女人的手，領著她們登上坦克親吻他們。

現場響起熱烈的掌聲！每個人都開心得哭了！現場激動的情緒沸騰到最高點！坦克車上的士兵不斷拋出一個小東西，其中一個砸中了我的額頭。這引起了我的好奇心，我發現了某種全新的東西，我完全不知道它的用途：口香糖。

坦克繼續往前進，直到從我們眼前消失。我們亢奮的情緒甚至直到那天結束之際，都沒有消退。我們很晚才上床就寢，腦海中充斥著無法忘懷的影像。

多麼光榮的一天——至多百年一遇，這已經算幸運了。

戰爭留給我的是慘澹的回憶，這並不令人意外。有許多年，戰時的痛苦經歷化成夢魘，讓我一次次在夢中重溫了空襲的痛苦。轟炸機的影像和聲音使我持續被恐懼所淹沒。那時還是孩子的我們，缺乏真正的危機意識。我和兩個妹妹想要看。於是，我們經常趁著午夜的時候，偷溜出去看轟炸機空投火箭彈，夜空頓時一陣通明。那是一個令人著迷的壯觀場面。如今，許多年過去，當閃電劃過天際時，我要說：「我崇拜暴風雨。它們發出的閃光不會空投炸彈。」

由於童年時期所經歷的強烈飢餓感，我現在進到超市沒有一次不發出驚嘆：「想想看，我可以愛買多少就買多少！」甚至，連糕餅店的展示櫥窗都令我目眩神迷。而且直到今天，我都忘不了諾曼第的冷冽冬季，我也無法表達我對於現代供應暖氣的方法，有多麼感激。

然而，我很快就意識到，我的經歷的確嚇人，但也就僅此而已。在一九四四年年末，我們領略到了大屠殺的恐怖。我們必須面對令人難以忍受的駭人照片——映入我們眼簾的是一百個萬人塚，成堆的屍體堆疊在死亡集中營。這些照片令人不寒而慄，但也使我體會到我在戰爭中所經歷的苦難，相比之下有多麼地微不足道，而我又何其幸運。

因為戰爭，我失怙的童年固然充滿痛苦和悲傷，但不乏遠比我更加悲慘的際遇。

第四章 戰爭機器內部

一個納粹的童年

溫福瑞・魏斯在德國法蘭克尼亞出生、成長，並在這裡度過二戰歲月。他的父親是納粹德國時期「秩序警察」部門中的警官，警種是「憲兵隊」*，他們穿著警察制服執勤遍布全德國。秩序警察受親衛隊（BB，又譯黨衛軍）管轄，他們身穿綠色制服，而以「綠衣警察」這個通俗稱呼著稱。溫福瑞經常把他的父親與其同僚稱為綠憲兵，或蘋果憲兵。

---

*譯注：憲兵隊（Gendarmerie）負責邊境執法，包括小社區、農村地區和山區等。隨著德國高速公路網絡的發展，一九三七年成立了機動憲兵聯隊以確保交通安全。

他的回憶錄《一個納粹的童年》，出版於一九八三年。它揭露了二戰時期另一個陣營的故事，與本書其他敘事截然不同，而且因其殊異的價值觀和觀點而獨樹一幟。然而，這個故事也彰顯了他在納粹德國的兒時經歷與其他人在同盟國的童年生活之間，有許多相似性，本章所節錄的故事開始於一場突如其來的生活變動，亦即溫福瑞和他的家人——他的母親和父親，以及他的姊姊伊爾莎與葛楚德——從普法爾韋薩赫風光明媚的偏鄉地區搬到較都市化的基欽根市。

收音機（Telefunken）傳來法國投降的消息。時序是一九四〇年夏天。我們繼續每個星期日下午的家庭郊遊，我的母親穿著蟬翼紗連身裙，我的父親則穿著西裝，翻領上別了一個徽章，我的姊姊們則穿著輕便的夏季連身裙。在我們的一次家庭郊遊中，爸爸拍下了一張我最棒的兒時照片。媽媽把一張放大的照片，放在她的床頭櫃上。

照片中，我站在三葉草叢中，有些長到和我的肩膀一樣高。我的背後有兩棵蘋果樹，有點失焦。我穿著繡有雪絨花的白色吊帶短褲，露出短小的圓滾滾雙腿。我的吊帶褲前面有一個繡花褲襠蓋，每次我要撒尿的時候，很容易就能解開。某人把親衛隊的標誌繡在我的褲襠蓋上，銳利的稜角圖騰看起來就像是兩道閃電。一切是如此純真美好、陽光普照。卷雲藍的浮雲在夏日的晴空中移動，我手上拿著一支小雛菊，對著鏡頭露出燦爛的笑容。某人想要親吻我那被法蘭克尼亞的牛奶和香腸給餵養得胖嘟嘟的健康臉頰。

一九四〇年十月，就在希特勒決定延後進攻英國的時候，我的父親晉升為憲兵隊隊長。我們還收到一張厚重的羊皮紙文件，上面有德國憲兵隊總長與希特勒的署名（當然由其代理人處理）——簽在一隻老鷹和納粹萬十字黨徽圖案的下方，上面提及我的父親是以元首和人民之名獲得拔擢，我們全家隨著爸爸的升遷搬到了基欽根市。

比起普法爾韋薩赫，基欽根明顯是個大城市。我的姊姊葛楚德帶著我上到閣樓，向我展示眼前的景象。她伸出食指，朝不同的方向比劃。我跟著她的食指瀏覽了基欽根的紅瓦屋頂天際線，教堂的尖塔隨處可見。一條名叫美因河的河流從郊區市鎮特瓦斯豪森（意思是突出之物）開始，貫穿基欽根全境。葡萄沿著河的兩岸栽種，基欽根也有自己的工業。基欽根東區有一座小機場，西區則散布著大型軍營。我們現在要繼續全家的星期日郊遊，得花更長的時間才能走入「大自然」裡。

一九四一年對德國而言，是重要的一年。我們席捲了北非。收音機報導了一個又一個重大新聞事件。當喇叭傳來美國小羅斯福總統簽署了《租借法案》*時，收音機真空管受到靜電干擾發出橘光，可以看到貓的眼睛顫動不停，但德國有能力因應美國的出招。

希特勒與戈林的肖像——兩幅用玻璃相框裝幀的彩色肖像照片，掛在我們寬敞、有哥德式拱門的入口大廳的東面牆壁上。兩幅照片之間掛著一頂桂冠，上面寫著：「欽基根憲兵隊」的字樣。每次我進出這裡，希特勒和戈林在刷白的牆面上各就其位，籠罩在打過蠟的地板和潮溼氣味中。兩人都身穿棕色軍服、歪戴軍帽†。一條黑色皮帶斜披在希特勒身上。戈林把他的左手靠在臀部上，希特勒則是右手。戈林右手拿著一根陸軍元帥的官杖。「看起來就像是一個又矮又胖的皇帝。」媽媽的一個朋友在她們下樓梯時說道。「噓！」媽媽把食指放在嘴巴上說道。

猶太人是幽靈。我從未看過猶太人，但他們確實存在，因為大家在談論他們。大家在說出「猶太人」（德語 Jude）這個字時，有別於其他字眼，那不是一個中性字彙。他們在說「猶太男人」（Jude）、「猶太女人」（Jüdin）或「猶太人」（Juden）時，都會發出一種特別的音調。他們賦予這些字眼其他字彙所沒有的色彩。「猶太人」一詞總是具有含沙射影的意涵，攪動著聽者心中的情緒。大家在說起有關猶太人的故事時，我總是豎起耳朵仔細聆聽裡面的弦外之音：猶太人是令人厭惡的、陰暗的、骯髒的、危險的、可笑的、嘲弄人的、滑稽的、外來的和可悲的。

在普法爾韋薩赫看不到一個猶太人。但在基欽根市可以見到猶太人留下的歷史遺跡，尤其是蘭德維爾廣場附近。在廣場椴樹北端還殘留著一間大型猶太會堂的遺跡，它有兩個塔樓，會堂現在被封鎖起來。這間猶太會堂在水晶之夜事件中，遭到

＊譯注：美國國會在第二次世界大戰初期通過的一項法案，目的是在美國不捲入戰爭的同時，為同盟國提供戰爭物資。

†譯注：二戰期間，德軍將領歪戴軍帽不是違紀，而是一種特權和殊榮。

焚毀，我們那時候還住在普法爾韋薩赫，而我被裹在溫暖的毛毯中，在香甜的睡夢中跨入到我的一歲生日。

我們現在居住在一間古老修道院，對面是一間廢棄的紅色建築物，它的哥德式窗戶看起來就像是瞎子望著蘭德維爾廣場。我的父母親告訴我，他們不知道那棟建築物的用途是什麼，不過有個鄰居說那是一間猶太學校；它在幾年前被關閉。「你應該聽聽他們在這裡製造的噪音。」她說，然後開始模仿這個聲音：她像母雞一樣咯咯叫，她打開嘴巴，轉動舌頭。她發出一種聽起來很奇怪的聲音，忽高忽低，彷彿口中含了一顆蘋果，那是猶太兒童在學習希伯來文、一種外來語的聲音。當鄰居說出「希伯來語」（Hebräisch）這個字眼時，彷彿在形容一種該被丟入馬桶沖走的東西。

猶太男人和猶太女人在我的眼前變得具體起來：從大家語氣中所流露出來，而加諸在他們所說的故事人物的種種特質，鬼魅一應俱全。

安娜姨媽說有個住在她對街的猶太女人，總是帶著某種材料進到她屋外的廁所。她甚至會帶著一盆麵團進去，然後把它揉成球形。蒼白的麵團使我想起了沒有清洗的雙手。猶太人有一雙蒼白、沒有清洗的手。猶太人和廁所、大小便連結在一起。有一天，當大人們壓低聲音談話的時候，我假裝在角落玩耍，我聽到他們說，德軍在捷克抓到了一群猶太凶手，他們綁架、殺害基督徒兒童（男女都有），還把他們的血做成無酵餅。他們說，他們在一間遵行猶太潔食規範的肉鋪裡發現了一具具幼小的屍體，就像被宰殺的豬牛用肉鈎吊掛起來。而我是一個基督徒男童。

髒汙的蒼白麵團迸出了令人顫慄的腥紅鮮血。猶太男人和女人聞起來就像大蒜，一路追逐幼小男童，而我是其中之一。我嚇壞了，卻也深深被這個故事所吸引。我有時候會過度入迷。我的想像力停留在一間白色肉鋪，裡面有閃閃發亮的肉鈎，和我媽媽買肉的肉鋪沒有兩樣。留著黑色鬍鬚和頭髮、有個大鼻子的男人們，把我制伏了。他們是一群猶太人。

當德國入侵蘇聯，以及邱吉爾和小羅斯福在大西洋會晤時，我的心思意念則把從大人們的談話中所聽來的形形色色材料（聳人聽聞的恐怖景象從他們口中一再被提及）組合起來；我總是處於差點就被那些想要把我用肉鈎吊掛起來、蓄著黑色毛髮的猶太人抓住的千鈞一髮之際。表面上，我的生活一如往常，沒有異樣。沒有人察覺到我被自己想像中的猶太人所追捕。

我偶爾會到爸爸的辦公室探望他，他會把我抱起來放在他的膝蓋上，讓我打字。他渾身散發出難聞的菸味。他的辦公桌上擺了希特勒另外一張帶有復古風的棕色調照片，照片中他的頭髮梳得平整服貼。我的後面是一個櫥櫃，裡面有警棍、槍枝和左輪手槍。其他憲兵拍拍我的頭說：「溫福瑞，最近過得怎麼樣啊？」當紐斯林中尉走進來，我馬上站起來跟他握手，還向他深深一鞠躬。「要深深一鞠躬」，媽媽總是如此告誡我，因為中尉的位階在我們之上。他的妻子有時候會給我一條巧克力，我會向她深深一鞠躬直到頭頂到地，而她總是興奮地驚呼：「多麼有禮貌的小男孩啊！」

德國在全球的勢力來到了顛峰。憲兵隊的牆上有一張歐洲和非洲的大地圖；他們把德國占領的地區用紅墨水塗記。紅色的陰影遍布整個歐非世界。

我在聖尼古拉節拿到一大袋蘋果和糖果的隔日，收音機傳來美國為了反擊日本偷襲珍珠港，正式宣布參戰的消息。「天啊！」媽媽向在場的鄰居發出驚呼，「這場戰爭到底要打到什麼時候才會結束？」但其他人都說再增加一兩個敵人，不會有大礙的；美國人的軍隊素質很差，他們都是膽小鬼。在憲兵隊，一切如常……

德軍對蘇聯展開了夏日進攻，戰事進行得很順利。收音機在下午頻頻傳來戰事告捷的好消息，我的姊姊葛楚德說我們這次一定會抓到老史達林，我們當時正在轟炸莫斯科。一袋袋用麻布袋裝著的椴樹花，被放置在食物櫃裡做成乾燥花。每次有人打開廚房的門，就會飄來滿室花香味。

紐斯林中尉有一天坐進黑色的小奇蹟（DKW）轎車，然後開車離去。他有幾次開著這部車載著我兜風。這部車的材料主要是塑膠與膠合板，你可以聞到車子散發的汽油味、汙濁的煙味和橡膠味。紐斯林中尉在那天離開後，就再也沒有回來。他們後來在一條靠近雷彭多夫的偏僻鄉間小路，找到了他的車；他死於心臟病發作。

紐斯林太太，我們稱呼她紐斯林中尉太太，雙眼紅腫；我們向她表達了我們的哀悼之意。我們跟她握了手，我還向她鞠躬致意。紐斯林太太給了我一條巧克力。包裝紙上印著一個戴頭巾的摩爾人，手捧著一盆水果。紐斯林太太哭了。我隔著包裝錫箔紙聞著巧克力散發的味道。我因為害怕紐斯林中尉的死亡氣息進入到了巧克力，有好幾天都不敢把巧克力吃了。

紐斯林先生過世後，他的妻子就搬到了鄰近火車站的希特勒大街上，那裡有一棵巨大的老七葉樹。她給我的巧克力是我在未來幾年中最後一次看到巧克力！紐斯林一家離開後，我們搬到了頂樓一間改建過的大公寓裡。這間古老修道院的巨大屋頂宛如一件溫暖舒適的修士罩袍，罩住我們住家四周把整個修道院覆蓋住。我們現在有了標準大小的廳室格局，我們把三棵從普法爾韋薩赫帶來的植物分配在不同的廳室：翡翠木放在走廊、垂蕾樹放在客廳，蘆筍放在餐廳。葛楚德會給它們澆水，偶爾會把它們搬到樓下曬曬太陽。她會像對待貓咪般跟這些植物說話。「好啦，好啦，」她說，「多曬太陽，對你有好處的。」她也會把堆積在葉子上的塵土吹掉。

隔著公寓大廳，我們家的對門鄰居住著克魯格中尉和他的妻子。他在軍中服役，總是不在家——起初是在西部前線作戰，後來因為「腹部中彈」（德文：Bauchschuss）住院接受治療。一顆子彈射穿他的胃出去。每次我聽到「Bauchschuss」這個字，它的重音落在第一和第二音節，我就看到一顆子彈（媽媽告訴我那是一顆法國子彈）穿胃而出，發出像是「Schuss」這個字的字義的聲音，亦即發出像蛇一樣的嘶嘶聲音，把像是兔子或豬的胃的東西炸穿，我曾看過牠們的胃。媽媽在提到克魯格中尉腹部中彈時，會刻意壓低聲音，而且語氣嚴肅。腹部中彈會導致傷者瀕臨死亡。而這賦予了克魯格太太一種戲劇性的光環。我不敢直視她的眼睛：有個腹部中彈的丈夫，身為他的妻子讓人敬畏。

德國非洲軍團在埃及北部的阿拉曼受阻。我們的收音機每天晚上都會吐出那個地名。葛楚德說，那只是暫時的；那是我們在拿下埃及前，讓自己有喘口氣的機會。我們拿了一根繩子測量阿拉曼和開羅之間的距離。「沒事，」葛楚德說，「我們有快速坦克。」

同時間，在憲兵隊，我過著幸福快樂的生活。每次晚餐過後，爸爸就會把我抱在他的膝蓋上玩騎馬遊戲。他脫下制服，穿著長袖內衣和吊帶褲坐定後，我們父子倆就開始玩起「躍起，躍起，騎士，如果落馬，他會哭」的遊戲。爸爸扮馬，我是騎士。進行到一定時候，爸爸會突然打開大腿，我就會跟著掉下去。他雖然總是會在最後一刻把我抓住，我卻覺得自己彷彿掉落了萬丈深淵。在掉下去那一刻，我感到一陣緊張，但當爸爸一抓住我，我又會央求他再玩一次。我的頭往後仰，開心地仰天長嘯。我等不及爸爸打開他的膝蓋。按著搭配遊戲的童謠，我會掉進壕溝，被渡鴉吃掉。在我掉下去的時候，爸爸的頭靠近我，邊笑著把我拉回到他的膝蓋上。我完全不會有事。我的父親是綠憲兵，他們是第三帝國（又稱德意志國）的骨幹。他制定法律，而我是他的兒子。我的父親把我從黑色渡鴉的口中救出。他有強壯的大腿，他有毛茸茸的胸膛；他愛護我和媽媽。我與他們同床，當我午夜醒來，可以聽到他們的呼吸聲，它們聽起來溫暖、充滿安全感，於是我又沉沉睡去。

我的周圍都是憲兵。他們身上散發出汽油、皮革和菸草的味道。他們腳上的黑色軍靴嘎吱作響。每次他們從我身旁經過，都會向我揮手。有個憲兵住在一間給單身未婚的憲兵住的小房間裡。他有時候會在晚上來我們家。他一看到我，就會立正喊道：「希特勒萬歲！」所有人聽了都大笑起來，讓我滿臉通紅。

我的母親跪在地板上，輪到她清潔、打蠟樓梯。她正在和克魯格中尉太太聊天：當我走進門廳，兩人都沒有看見我，希特勒和戈林要求一個光亮無比的憲兵隊。我聽見媽媽說：「你昨天有聽見他的尖叫聲嗎？」一陣短暫的停頓，克魯格太太回答說：「有。」她的聲音猶如剛從樹上凋萎飄落至大廳的樹葉，顯得遲疑不安。媽媽的聲音聽起來比克魯格太太更加關切；她似乎有所保留，我的母親則感性多了，問說：「他們為什麼要把他們打得這麼慘？」當我問起這件事，媽媽卻說沒有人被打。

花盆中的夾竹桃花盛開。打字員在辦公室裡聊天，我幫忙拜爾先生給他的花澆水。我們頭頂上方則傳來蘋果憲兵們的笑語，我聽到了爸爸和其他人的聲音。雲朵在法蘭克尼亞夏日湛藍的天空中飄浮。

我和拜爾先生留心聆聽從窗戶打開的辦公室傳來的聲音。有人被鞭打發出尖叫，我聽見了椅子滑動的嘈雜聲音。有個男人大喊著：「不是！」然後傳來砰砰的聲音，就像是媽媽用拍打器拍打地毯發出的悶響，只是比較輕柔。尖叫聲再度響起。我從未聽過有哪個大人這樣尖叫嘶吼，那種不由自主發出的聲音，讓人聽得既震驚又尷尬。這個聲音與我眼前看到的景象無關，卻是某個重要戲劇性場面的一部分。在持續不斷傳來的陣陣尖叫聲中，夾雜著麻雀在拜爾先生的花園裡啁啾的鳴叫聲，蝸牛在水桶裡慢慢溺斃，金蓮花被澆得直滴水，拜爾太太在陽光下晾曬衣物。從辦公室傳來的尖叫聲猶如一陣刺骨寒風從拜爾太太的被單吹過。

什麼也沒發生。拜爾先生笑說他們又來了，因為有人不說實話，所以又被打屁股了。

那個夏天，我的人生進入到一個新的階段。羅默中尉搬進了紐斯林的公寓，他有兩個小孩。一個是十多歲的沃爾弗拉姆，他是希特勒少年團的成員，另一個是和我同齡的伊爾瑪。

每一個人都說，伊爾瑪和我是天生一對。我倆是兩小無猜。我們有相同的身高、年齡，連頭髮的顏色都差不多，只是她有一頭比我更明亮的金髮。我們隨時玩在一起。我邀請伊爾瑪來我的樹屋，裡面有個舊衣櫥，這個樹屋建造在一棵梨樹上，樹上長了被蟲蛀的梨子。

伊爾瑪向我介紹她的洋娃娃。在她整理得整整齊齊的床鋪上，堆滿了各種大大小小的洋娃娃。有些洋娃娃張著眼睛，有些則閉著，有些會叫「媽媽」，其他就是僵硬、死氣沉沉的洋娃娃。我甘願把自己的發條玩具車擱在一旁，把奶瓶放進洋娃娃的嘴裡，還給它們換尿片。我很確定我想要玩洋娃娃。但每個人都告訴我，洋娃娃不是給男生玩的，我只好心不甘情不願地離開伊爾瑪的床。

所有鄰居都說我倆是基欽根最可愛的萌娃。在我和伊爾瑪一起成長的那段歲月，大人按下快門為我們拍了一系列照片，附近每個可以取景的地方幾乎都有我倆的身影。當希特勒在蘇聯展開巴巴羅薩行動的時候，我倆在鄰居艾克法家的前面（旁邊就是紫丁香花叢），或是站在三色紫羅蘭前、在我們的花園和拜爾家的花園裡，還有街上賣萌；伊爾瑪頭上綁著白色蝴蝶結、我倆穿著我們最好的衣服；照片有曝光的和曝光不足的，有失焦的，也有全身的和上半身的，或者人不在照片中央，有開心的笑臉也有悶悶不樂的苦瓜臉——我們成了不老之身，存活到永遠。兩個雅利安孩子在一間廢棄的修道院裡成長著，四周瀰漫著地板蠟光劑的氣味。我們倆有一張胖嘟嘟的健康臉龐。

伊爾瑪和我置身在天地之間的樹屋裡，蓬鬆的浮雲在空中滑行。我們吃著午餐。伊爾瑪有慣常吃的生菜沙拉，它們用小盤子裝著。她在清理廚房的時候，我假裝自己是憲兵，坐在辦公桌前等待電話響起。有時候，我們一起共度下午茶時光。我們喝著檸檬水飲料，假裝那是茶。我們有天在喝下午茶的時候，舊事重演。從我們上方的辦公室傳來一個男人的尖叫聲。窗戶是開著的，藍色的煙霧和往常一樣在我們上方繚繞上騰。我們聽見了發出悶響的砰砰聲。伊爾瑪說：「他被打屁股了。」「屁股」從她的口中說出，似乎與她的身分不相稱。我被她嚇到了。她說她的爹地曾告訴她，有時候會發生這種事。伊爾瑪朝她母親所在的客廳方向大喊：有個人在那兒被鞭打了。我的父親出現在辦公室的窗戶旁，他往下看了看我們。然後尖叫聲停止，他把窗戶關上。

一九四二年某個美好的春天早晨，陽光燦爛。猶太人理當在正午時分搭乘火車離開，這是天經地義的事。我的憲兵父親將受命負責執行這次的勤務。他和媽媽在廚房裡，他把手上的黑咖啡放在餐桌上，說：「指派我們執行這項任務，實在不公平！那不是我們的職責！」媽媽不發一語，只是點點頭表示同意。

當我走下樓，猶太學校已經被警察團團包圍了。紅色的建築物似乎活了起來，充滿著看不見的生物。有時候，窗邊會出現一個人影，但很快又退回到室內。

我跑去問媽媽這件事。她站在爐邊。她把爐火調小，沒有看我一眼，小心翼翼地說，噢，他們是猶太人，他們是在晚間被帶過來這裡的——他們不會待很久，他們很快就要搭乘中午的火車離開。

媽媽接著說，去庭院玩，你爸爸不希望你跑到街上去。

但是，我沒有聽她的話：我來到我們房子一處有陰影的角落，然後躲在那裡站著觀看前方動靜，我的父親——我摯愛的英雄，腰間配掛著槍套、穿著軍服——看不到我。

我的父親和其他憲兵，還有市警局的警察，在學校前面無所事事地閒晃蕩。在他們的上方，有個頭髮灰白、戴著夾鼻眼鏡的高瘦老人，站在樓上的一扇窗戶前。他對著下方街道揮舞拳頭，然後突然有兩隻手臂把他往後拖。但老人很快又出現在窗戶前：他就像是兒童節目《潘趣和茱蒂》裡的木偶一樣，突然又冒出來，身體猛烈晃動著。老人大喊：**我拒絕接受……你們這些人渣**。他使用「Abschaum」（德語的「渣滓」）這個過時的莊嚴字眼。然後，兩隻幽靈般的手臂再次把他拖進去。

樓下，憲兵和市警在那兒聊天說笑，一如往常。這幕景象充滿著節慶、市集的熱鬧活潑氛圍。那個出現在窗戶前的老人顯然與蘭德維爾街上的日常生活景象格格不入。

但是，看到我父親的怪異行為迫使我繼續留在陰影中，不敢妄動。看著他，讓我有種罪惡感。他穿著綠色制服站在敞開的校門前，出神地盯著人行道看，我多麼希望他能從靜默無聲的地面隨時獲得啟示。

老人再次出現在窗前。他的行為同樣令我感到費解，甚至讓我覺得尷尬。當他再次大喊「你們這些人渣！」時，一名憲兵拔出他的槍，咧嘴笑著瞄準窗戶。我的父親抬起頭看了看，然後命令這名警官把槍收起。

突然，一個大箱子從猶太學校樓上的一個窗戶飛出，掉落到街上。箱子破裂，銀叉子和銀湯匙散落到蘭德維爾街上到處都是。憲兵連忙低頭閃避。然後，一個瓷器咖啡壺接著掉落。它掉在離我不遠的地方，緊靠著憲兵隊的黃色外牆，不過壺嘴保持完好，朝我滾來。它的造型典雅，猶如一個細長的人體軀幹雕像，發出晶亮光澤，還很新，上面有少許花朵圖案，準備好隨時給客人倒上一杯咖啡。我轉身離開這個晶瑩剔透的壺嘴，繼續躲回到陰影中。有個警察彎腰撿起散落一地的銀湯匙和叉子，把它們放回箱子裡。他甚至對著這些銀器呼氣，再用自己的袖子擦亮它們，這花了他好長一段時間，然後他小心翼翼地把這個箱子塞進拜爾家房子一個低矮窗架下方的空間裡。

有個人在清空公事包裡的紙張，細碎紙片從學校樓上片片飄落到街上，讓我看得興奮難抑，紙片散落在杜松樹叢中。有聲音從同一個窗戶大喊，說：「你們別想從我這裡拿到任何東西！我寧願銷毀它，也不讓你們骯髒的臭爪子碰它一下！」

其他人陸續抛出更多撕碎的紙片。我的父親已經進到學校，而沒有注意到出現在他背後的這場紙片暴風雪。我從遠處觀看著，白色小紙球化成細小碎片悄然無聲地飄落至地面。接著，換成箱子從窗戶被丟出去……，那彷彿成了信號，一個警察突然衝了進去；我可以聽見他大喊：**出去！所有人都出去！**

有個憲兵用警棍敲擊一樓窗戶的鐵窗花，深沉的回音迴盪整個校區。這個聲音果然奏效。看不見的人影尖叫著從學校裡面走出來，彷彿警棍製造的聲音讓他們的耳朵難以忍受。男女老幼：那個戴著夾鼻眼鏡的老先生也在其中；有個年輕女孩攙扶著他，他咕噥著自言自語。每個人都帶著一個小手提箱，甚至是孩子們。一個身材瘦削的老婦人出現了。她的鼻子細長見骨，猶如鳥喙；她的眼鏡滑落至鼻尖附近。她身穿棕色外套，頭戴一頂棕色帽子，上面有花朵綴飾。她朝我的父親走去，大叫：「你不能這樣做！」「我不去！你聽到了嗎？我不去！」她停在爸爸面前把臉湊近他。我的父親兩眼正視前方不發一語。一個蘋果憲兵抓住老婦人的臂膀，把她帶回到隊伍裡。

隊伍挺進到烏茲堡大街直抵費塔特倫塔樓，再從這裡向左轉。我跟在他們後面，隱身在沿街種植的灌木叢的陰影中。隊伍通過煤氣廠，彎進阿道夫希特勒大街，這條路通往火車站。那名老婦人突然脫離隊伍，開始大叫。她朝著憲兵揮舞拳頭，接著向我的父親揮拳，他沒有看她。憲兵們笑了出來，然後抓住她的臂膀，拍她的背說：「你，惹人厭的老頑固，你就不能安靜點嗎？」但是，老婦人硬是放下手提箱不走。她的聲音尖銳刺耳，蓋過街道上其他噪音。隊伍開始散開。老婦人把手舉起來，在空中前後揮舞；她不斷尖聲叫喊，說些我聽不懂的話。她的旁邊有個和我差不多大的男孩，手上拎著一個小手提箱。他穿著短褲，腳上穿著棕色長筒襪；我也穿著和他一樣的襪子。有個憲兵穿過隊伍，輕輕推了一下老婦人，說：「你現在就要上車嗎，瘋婆子？」隊伍再次緩緩地沿著高聳的栗樹下方街道往火車站前進。阿道夫希特勒大街沿途的老房子前院所種植的山楂樹，在這個時節綻放著色彩繽紛的花朵。

我看到在這條寬闊大道的盡頭，就是火車站了。我停下腳步，躲在火車站貨場格柵後面偷看。一列火車冒著黑煙停靠在第三月台，它的老舊三等車廂沒有連結月台，我們前往烏茲堡所搭乘的就是這種火車。憲兵示意從猶太學校來的人，進到各節車廂。古老的火車頭加速奔馳。我拚了命快跑回家。

我的父親始終都不知道，我在那個陽光明媚的早晨，注視著他的一舉一動。

一九四二年某一天，我的父親決定要升等為警官。當伊爾瑪和我在梨樹的樹屋繼續玩扮演憲兵和妻子的家家酒遊戲的時候，我的父母親覺得警官的身分會給家裡帶來更多的好處。我的父親前往黑森林的佛萊堡接受警官訓練。他的每科結業成績都得到了C，比班上的平均分數高出了三分。他拿到了一張很大的結業證書，上面印有老鷹、萬十字的圖樣，以及司令和元首的簽名。那張附有署名和官印的證書上所標示的官方日期是一九四二年十二月十八日。

一九四三年春天，栗樹一如既往地盛開。我與伊爾瑪在梨樹的樹屋裡玩扮家家酒；她為我倒茶，她是我的妻子；我們打我倆孩子的屁股，那是她的一個大洋娃娃，因為伊爾瑪說我們的孩子不想彈琴。

我的父親腳穿黑色軍靴、身穿綠色制服，從佛萊堡返回家中。那是我熟悉的父親。他還是老樣子，沒有改變。他的身形和體味（菸味和淡淡的汗味）經常環抱著我，它們成了我的保護，使我在不知不覺間對其產生強烈的依戀。我從未想過有一天這一切都會結束，我的父親穿著綠色制服走出憲兵隊，從此一去不回。我沒有意識到他抽著俄國菸所吐出的藍色煙霧，將永遠不會再從藤蔓後面的辦公室窗戶穿出裊裊上騰；他的同在、他的姿態和動作是有時限的，我的父親即將從我的視線離開，前往他無法帶著我同去的地方。

七月某一天，我和伊瑪爾在我們的梨樹樹屋裡待著的時候，有個軍官按了我家的門鈴。由於我的父親恰好外出剪髮，因此他聽到這個消息時有什麼反應，無可稽考。但是，媽媽聽到後當場就哭了；由於受命通知的軍官是爸爸的朋友，他希望能親自告訴我的父親，他被徵召八月要前往蘇聯。蘇聯！媽媽哭著，蘇聯是災厄和死亡之地！蘇聯！她不斷提到我的父親有慢性阻塞性肺病，他在第一次世界大戰就已經在前線作戰了。蘇聯的冬天將會嚴重危害他的支氣管炎。

我那時候已經從樹屋下來，聽到了大人們在客廳（保留給聖誕節和特殊節慶場合的場地）裡的談話。聽到媽媽說「這不公平，他們不能這樣對我們」的話，這個親衛隊軍官同情地點了點頭。他聳聳肩表示道歉；媽媽倒了一杯杜松子酒給他，他點了一支菸抽著。他握著我的手，拍了拍我的頭。「你從現在開始要照顧你的母親，」他說，「你要成為這個家的男人了！」

一九四三年八月一日。在一次大膽的遠程攻擊行動中，美軍轟炸了羅馬尼亞普洛耶什蒂的油田，摧毀了我們的油源。我們徒步送爸爸去火車站，彷彿那是一次星期天散步，表面上看似風平浪靜，什麼事情都沒有發生。我們來到蘭德維爾街，穿過新橋的廣場拱門，上坡後沿著阿道夫希特勒大街的老栗子樹繼續往前走，直到火車站。我們和爸爸一起走到月台。那天是個陽光燦爛的日子；媽媽暗自啜泣、默默地擦拭淚水。「別擔心，」爸爸說，「我三個月內就會回來，我保證！」他則勉勵我，這個秋天要認真上課做個好學生。火車開進第三月台。爸爸上車找到二等包廂的座位後，連忙下車再次把我們緊抱在懷中；列車長輕輕推了他一下，要他趕快回到車上。火車朝紐倫堡方向駛去，冒出陣陣濃煙往東揚長而去。一開始，火車緩緩開動，爸爸從車窗探出頭來、手上揮舞著一條白色手帕，隨著火車駛離的速度愈來愈快，爸爸的身影愈來愈小直到從我眼前消失。我的父親，他身穿綠色憲兵制服、足蹬黑靴的身影，從此從我的生命中消失。

在十一月二十八日至二十九日間的深夜，我的父親還有他的烏克蘭袍澤在弗拉迪斯拉夫奇克西邊三公里遠的地方，遭到蘇聯游擊隊的突襲。之後，四周陷入永恆的死寂。我的父親，沒有代號的無名氏，沉入俄羅斯的冰天雪地中。其餘就是：來自指揮官和同袍們的慰問、褒揚狀，還有爸爸的遺照（照片四周被以元首之名頒發的殊榮和親衛隊的動章所環繞）。

當生命氣息離他而去的那一刻，他的周圍空無一人，沒有一個目擊者。當我緊緊依偎在我那張從法蘭克尼亞帶來的溫暖的床時，他從此消失在世上。聖米迦勒*是我父親的守護神。他有翅膀、手持一把發出火焰的劍、身穿盔甲屠龍。我的父親有一輛綠色摩托車、一雙黑色靴子和一把憲兵的配槍。他是替我屠龍的天使長，直到黑暗吞噬他。

一九四三年秋天，惡龍從四面八方入侵我的地盤。這些夜晚出沒的怪獸有：蘭開斯特轟炸機、威靈頓轟炸機、斯特林轟炸機和哈利法克斯轟炸機，全都在等待我的父親離開。它們愈來愈深入第三帝國境內。我們設法忽視它們，但隨著令人驚恐的傳聞增加，每一次警報響起，我們就開始跑防空洞躲避轟炸。到了晚上，它們讓我的牙齒打顫。

許多個夜晚，在我好夢正酣的時候，尖銳的警報聲開始響起，把窗戶震得咯咯

---

*譯注：米迦勒是聖經裡的天使長。在《啟示錄》十二章七至十二節中，米迦勒率領天使與撒旦的化身巨龍爭戰獲勝，將龍摔在地上。

作響。刺耳的警報聲穿透我的耳朵，使我從脊柱到腳趾全身震得發麻。在冰冷的房間裡，我趕緊把衣服穿好。我在床頭上方貼了一張戰機航線圖，上面標示的敵機現正在空中出沒。塗裝為橄欖綠的蘭開斯特轟炸機載有燃燒彈。我的床在柔和燈光的照耀下，顯得透白而溫暖，投射出溫暖舒適的皺褶影子，但我一定得穿過夜晚的庭院躲進防空洞。我知道英軍的飛行員戴著氧氣罩，正從高空中飛越而來。大量的綠色巨人在漆黑的夜空中，逼近而來。

我們帶著防毒面具和緊急救難箱蹣跚而行，我牽著媽媽的手。漆黑的走廊出現了一些異常的影子。葛楚德曾經把羊毛內褲當作毛衣來穿，她一時疏忽沒有注意到，直到進到防空洞，她的穿著惹笑了大家。

在黑暗的大廳裡，其他人的聲音聽起來空洞而神祕。平日熟悉的情景退隱。我在白天如此熟悉的地盤，此時換上了另一副面貌。

不過在四年前而已，德國滅了波蘭，如今，德國正從蘇聯撤退。我到了該上學的年紀。奧古斯塔阿姨帶著我去學校：這是一所只收男孩的羅馬天主教小學，坐落在史蘭能街尾。我背著葛楚德用過的皮書包，他們都說那個書包具有戰前的品質，永久耐用。那是用法蘭克尼亞乳牛的牛皮製作而成的書包，上過蠟後發出晶亮光澤。我有一個新的木鉛筆盒，它有一個可移動式盒蓋，裡面裝了鉛筆和石板筆，每個學生都有一個石板小黑板。還有一個放在綠盒子裡的海綿板擦、橡皮擦和削鉛筆機。

時值九月，我們聚集在操場上，在搖曳無力的萬十字旗下，唱著國歌，國旗緊鄰著聖約翰教堂所種植的高大栗子樹，這間教堂興建於文藝復興晚期。陽光穿透墨綠的枝葉，點點灑落地面。我們舉手敬禮，高喊：希特勒萬歲！然後，回到教室。教室裡瀰漫著難聞的氣味，塗過油的地板氣味混雜著男童們的汗臭味。

鮑曼太太是我的第一個老師。她的黑色髮辮沿著額頭盤繞，在心臟的位置別了一個徽章。她要求家長們站在教室後面，並且根據我們的身高排序。媽媽們皆一聲不吭，這讓我們印象深刻。連家長都不敢在鮑曼太太面前造次。沒有人對她的管理有異議，尤其是對我們這些沒有父親的孩子。我們按照身高安排座位。鮑曼太太已經對我們做了評比。我意識到這裡是有層級之別的，而我大概居於中間位置。

鮑曼太太挺直腰桿，站立在我們面前。在她的左邊角落裡，有一根粗大藤條。

在她後方的牆壁上，有一幀希特勒凝望東方的暗紅色照片。比起注視我們，他有更重要的事情要做。

我接受這個事實：我現在生活在一個女人國裡。她們完成一切事情，雖然握有無上權威的還是男人。有愈來愈多的男人被徵召上戰場，而由女人取代他們的位置。所有女人都說相同的話：「有誰會想到事情會演變到今天的地步呢？」又接著說，這是無法避免的事，她們只得承受，但她們期盼有一天，當和平到來，舊世界秩序恢復時，她們可以卸下目前這種身兼男人的角色。我現在活在一個暫時的世界——一個處於戰爭時期的世界，舊有的規範不再適用。孩童注定要受苦，因為他們必須忍受戰爭。「我們為什麼要把孩子帶來這個世界呢？」她們搖著頭說道。我們是可憐蟲。我從這些同情中感受到一股溫柔的光輝，但對許多其他事情仍是懵懂無知，因為戰爭是我唯一記得的事。

隨著一九四三年日漸消逝，德國的勢力也日漸衰微。同盟國的行動開始頻繁起來。他們在遙遠的地方（我們在我的姊姊的地圖集裡找到了這些地方）召開了一連串會議，來決定我的命運：開羅、卡薩布蘭加、德黑蘭，安娜阿姨說，那是我得軟骨病的原因！她在施韋因富特的房子遭到美軍的轟炸。她帶了一個新遊戲過來，遊戲的靈感得自同盟國召開的會議。

隨著夜幕降臨，遮光窗簾被拉開，我們開始圍著桌子玩轟炸盟軍的遊戲。我們所需的道具就是火柴和衣夾。

安娜阿姨把火柴全倒在桌上，把其中一個火柴頭剪斷，然後把這個可燃火柴頭固定在開口的衣夾裡。那看起來就像是嘴巴被強制打開的短吻鱷。然後，她把剩下半盒的火柴盒放在衣夾上方，代表在德黑蘭的一家旅館。她自己包辦了所有聲音：敲門聲、旅館主人的回應，以及史達林要求一個房間的聲音。安娜阿姨把一根代表史達林的火柴，放在旅館的床上。然後羅斯福登場，被放在同一張床上。最後是邱吉爾。希特勒也要了一張床；他受邀加入其他人，但被他拒絕了；他點燃了夾在衣夾口的火柴，火柴發出嘶嘶聲，然後砰一聲爆炸，把旅館炸飛到半空中。在場的每個人都忍不住鼓掌起來，安娜阿姨說，如果她有機會的話，她一定要親手扭斷邱吉爾的脖子。他是幕後的藏鏡人，主導所有的事情。他是造成生民塗炭和恐怖轟炸行動的禍首。他是十惡不赦的歹徒，是殺死無辜孩童的劊子手。

英國皇家空軍和美國空軍尚未轟炸基欽根，但有一天空襲警報在中午響起。B—24轟炸機出現在蔚藍的天空中，試圖轟炸南部的鐵路橋梁。他們的轟炸都沒有擊中目標，爆炸聲聽起來彷彿是遠方的雷聲。空襲行動很快就結束了，我們從拜爾家充作防空洞的避難所走出來。我們曾被警告，敵人並沒有忘記我們。

之後，沒有多久，德軍的高射砲在夜晚展開反擊。我們從廚房的窗戶看出去，看到曳光彈朝天空發射，彷彿在施放煙火。我們不但沒有跑進防空洞，反而被眼前的壯觀景象給迷住了。我們聽到飛機在我們頭頂飛過，突然間我們看到彩色信號彈出現在基欽根上空。蘋果憲兵在樓下大喊，那就是信號了，我們今天晚上就要被焚燒了。整棟房子的人全都躲進了防空洞，里道爾一家一邊尖叫一邊禱告。我們都知道那個被暱稱為聖誕樹的信號彈，是由領航機隊發射的，是要為尾隨的轟炸機群標示轟炸的目標。我們坐在戰前的橘色板條箱上等待著，聽著先前在漢堡市殺死了五萬個人的怪獸蘭開斯特轟炸機飛過的聲音，我們的心臟猛烈跳動著；火焰吞噬了漢堡周圍空氣中的氧氣，造成人們因為窒息而倒臥在街道和地窖裡。奧古斯塔阿姨生動地描述了身上著火的人，如何穿過街道、跳進港灣的河水，把身上燃燒的磷弄熄。

我的心停留在那個已遠離而去、微弱到不能再微弱的聲音。英國想要在基欽根做什麼呢？皇家空軍在那個晚上沒有出現。蘋果憲兵解釋說，轟炸機沒有看到信號彈，因此錯過了原訂的轟炸目標。我們在上樓前，里道爾家先做了一次大聲的禱告。

我開始啃咬、吮吸書包的皮背帶，媽媽對我的這個行為感到難為情。背帶看起來已經布滿我的咬痕和口水。我就是忍不住，我抗拒不了我的口腔欲望。在上學的路上、等過馬路的時候，我都咬得很起勁。我試圖隱藏我的這個舉動，到最後，我甚至會不知不覺就在眾目睽睽之下啃咬起來。書包背帶總是在那裡，從來都不會消失啊！只有在鮑曼太太面前，我才抗拒得了；但我可以感覺到背帶在暗中誘惑我。它嘗起來紮實而柔軟，帶有澀澀的口感。唾液和舊皮革產生的化學作用，讓我上了癮。我想要咀嚼出皮革的精髓。媽媽意識到我的啃咬癖有一個潛在原因，但她認為這主要是因為我具有一種破壞行為傾向，而驅使我去破壞一個品質絕佳、無可取代的戰前書包。但我的吸吮行為其實有更深層原因。

我還有另外一個讓我的母親感到憂心的習慣。她說，我這樣做的時候就像個傻瓜。我會用右手手指捏自己的耳垂，尤其是耳朵受涼的時候。出於某種原因，我用手指來吸收耳垂的冰涼。

一九四五年二月二十三日，這天似乎是以好天氣拉開序幕。那天天氣暖和，散發著春天的氣息，椴樹的花蕾開始綻放。我穿著及膝短褲和白色短襪，我清楚記得陽光照在我的膝蓋上有多麼溫暖。我的膝蓋記得很清楚。

我們家的餐廳當時仍然擺放著一棵一九四四年的聖誕樹；它看起來就像是某種遺骸，一具來自另一個時代、上面綴以裝飾品的風乾骨架。但餐廳實在是太冷了，我們又沒有燃料，所以沒有人把它拆除掉。媽媽老是叨唸著那是丟人現眼的東西，她希望不會被鄰居看到；如果爸爸還在的話，一定不會發生這種事。

我和玩伴那天來到蘭德維爾廣場，我們徜徉在陽光下；羅爾菲說空軍已經在我們的機場部署了新的戰機。這些戰機將要在空中殲滅美軍；總之，美國人是懦夫，他們缺乏紀律；媽媽在那天早上拿到了一些肉，正在我們的公寓裡煮餃子，能夠吃到有變化的菜色，那將會是一頓愉快的午餐。空氣誘惑著我們的靈魂生出翅膀，化身為我們唯一知道的用途——轟炸機。轟炸機戰勝了墳墓：羅爾菲和我是巨大的兀鷹轟炸機。安妮萊斯是一架敵軍的蘭開斯特轟炸機，瑪格麗特．里道爾是美軍一架DC－3轟炸機，正設法採取傘兵戰術展開奇襲。

羅爾菲和我轟炸了基輔，隨著機上搭載的炸彈被投擲，我們的閃亮機翼迅速向上移動，我們再次在空中盤旋；基輔的洋蔥形圓頂起火燃燒。我們變成了梅塞施米特Me－109型轟炸機，把安妮萊斯擊落，她的油膩辮子在試圖逃脫我們的追擊時，在春日的晴空中搖搖晃晃地擺動著。但所有敵機都被擊落了，只有德軍的戰機安全返抵基地。她的引擎著火，飛行員跳傘。我們的追擊無情，我們的戰機儲存了足夠的長程燃油，我們無人能擋。

我像一把鋒利的刀刃刺穿天際：全速飛行至極限高度，沉醉在陽光燦爛的晴空中。但是，我們忽略了我們上方的空間，我們以為我們飛行的高度凌駕在其他所有戰機之上。大約在兩點鐘的時候，數百架發出銀光、排出白色飛行雲的物體，在清澈的空中如潮水般湧向我們。

美軍吹起了最後審判的號角！大天使在基欽根的城門口發出低沉的角聲，空氣猶如紅海般在他們面前分開。美軍已經發動「號角行動」，要摧毀德國境內所有重要的鐵路樞紐，命運之神已經給了我們一天緩刑令。二月二十二日，三十八架B－17轟炸機受命出發攻擊我們，但他們找不到基欽根。隔日清晨，四百五十二架B－17從英格蘭南部起飛。他們在二萬英尺的高空直抵第三帝國境內。在我寫要交給鮑曼太太的作文作業那時候，他們早已越過了斯海爾德河，穿過輕薄的積雲而來，而法蘭克尼亞的天空晴朗無雲。毀滅天使、發出閃亮金屬光澤機翼的轟炸機，暢行無礙地飛進德國中部，我們此時卻在追擊瑪格麗特的辮子。

十一點十五分，媽媽的手工馬鈴薯水餃在微滾的沸水中正膨脹為一顆顆蓬鬆的球形，此時，空襲警報響起。俄羅斯大草原、突尼斯清真寺的光塔，以及大西洋湛藍的海水猶如海市蜃樓般消失不見了，我們跑進我們用來儲藏馬鈴薯的地窖裡。麻雀被我們遺留在光榮的孤立中。門遭到猛烈的撞擊，有部車子發出刺耳的聲音，廣場漸趨安靜。發出預警的警報聲把世界留在等待被敵機轟炸的戰火中。

外面的世界安靜無聲，但這裡的家家戶戶卻陷於擾攘不安中。里道爾一家拖著他們的行李箱、葛楚德站在窗戶旁留意聆聽飛機的動靜，我的母親則說一切都「糟透了」（beschissen/shat upon），因為她的水餃快要毀了。馬鈴薯水餃對我而言就是日常生活的象徵，現在，瀕於毀滅的邊緣。我們意識到了浩劫將至。我們跑到餐廳的窗戶旁，那棵聖誕樹只要一接觸到氣流，針葉就會掉落。我們可以聽到遠處傳來的飛機聲音，東北方向發出隆隆砲聲。外面響起了空襲警報聲。上帝下到一萬三千五百英尺的高空。

轟炸一波波襲來。盟軍展開「地毯式轟炸」（Bombenteppiche/carpets of bombs），炸彈從B－17轟炸機開啟的炸彈艙往下投擲，鎖定鐵路站場展開轟炸，但炸彈掉入了城裡。我很想啃咬書包的皮背袋，但書包被留在樓上。別無他法，我只能坐在黑暗的地窖裡，忍受我們劇烈搖晃的門。

十一點五十五分，希特勒的照片依舊掛在牆上，但是里道爾太太頭上的髮辮已經鬆開。B－17轟炸機已經離開，我們站在憲兵隊門前。我的姊姊伊爾莎頂著一頭沾滿塵土的頭髮，從巷子跑出來。當對街的軍醫院消失在席捲了偌大公園的漫天爆炸塵煙中時，她正坐在打字機前。「是啊，是啊……就是這樣，就是這樣。」她說，雙手胡亂比畫出無甚意義的半圓形。

椴樹廣場看起來也一樣，但爆炸的塵煙往下飄落到我們這裡，天空不再蔚藍。灰燼碎片片片落下，細小的灰塵飄浮在空中，聞起來就像是潮溼的灰泥和老牆壁散發出的霉味。

我們得救了。

當B－17與護航的戰機展開第二波空襲行動時，基欽根部分地區已經被飛揚的塵土和起火燃燒的煙霧遮蔽了天空。轟炸機朝城裡投擲一束又一束五百磅集束炸彈，造成天花板上的灰泥掉落。美軍從高空俯瞰，隱約可以看到我們居住的修道院呈L型設計，椴樹廣場則是一片空曠的空間，上面種有光禿禿的樹木。但他們看不到我，我藏身在混亂的漆黑地窖中，在恐懼與顫慄中呼吸著。我不想死。轟炸來來去去，掀起漫天塵煙遮蔽法蘭克尼亞的天空。炸彈掉落到墓園，白色天使雕像被炸得斷手斷腿，支離破碎，棺木被炸飛到春日的空中。屍體橫越日頭，炸開的屍體腐肉和一團團屍塊噴黏到附近房屋的牆上。佩特里尼興建的教堂被擊中；他們還轟炸了杜斯特城堡，以及葛楚德的同學們尋求庇護的避難所，最重要的是，B－17炸死了鮑曼太太和她的時鐘。一架轟炸機鬆開了盤繞在她頭上、猶如一頂荊棘王冠的髮辮。鮑曼太太死於盟軍對火車站（最危險的地點）附近的一次直接轟炸中。後來，有人告訴我們她被炸得粉碎。美軍終結了鮑曼太太（我的第一個老師）的性命，也接管了我的教育。

基欽根籠罩在塵雲中，但第三波轟炸直接朝漫天的煙塵投擲。美國人握有生殺大權，他們用火與轟炸回應我們的禱告。堆在地窖窗戶前面的馬鈴薯堆，被震得東倒西歪。隔板咯咯作響，馬辰呻吟著，我的嘴裡都是塵土。我們的睫毛和頭髮都變成了白色，我的牙齒直打顫，停不下來。B－17在宣告世界末日的來到。

一九四五年二月二十三日十二點五十分，全基欽根市被轟炸激起的漫天塵煙所遮蔽，全市陷入黯淡無光之中，揚起的數百英尺高塵雲飄進法蘭克尼亞的天空。美國轟炸機總計投擲了二千一百九十五束的五百磅集束炸彈，而於當天下午返回英格蘭，他們一架B－17轟炸機都沒有損失。

我們把裝飾品從已枯乾的聖誕樹上拿下來。其中一個倖存的裝飾品是我最喜歡的：那是在童話故事〈漢賽爾與葛麗特〉裡，巫婆所住的薑餅屋，它發出銀色和金色、棕色與紅色的閃爍微光。我把它包好、放回到包裝盒中，但它看起來如此脆弱，與盒子不相襯。我懷疑，此後還會有聖誕節嗎？

一九四五年的復活節落在四月一日。前一晚，謠傳美軍距離我們只有數小時之遙！里道爾太太在媽媽的耳邊小聲說，我們最好準備一些投降用的白色被單。葛楚德說，我們全都會被當作叛徒槍斃；我們有祕密武器可以阻止他們進入。但我們沒有一個人對里道爾太太說的話嗤之以鼻。媽媽拿出了兩張乾淨的被單。里道爾太太說，舊被單就可以了；美國人分辨不出來的。白色被單就是白色被單！

就在她們談論著投降用的被單時，德軍出動，空軍學校的學生緊接在後。當灰色軍用卡車駛下蘭德維爾廣場時，美軍轟炸機的呼嘯聲劃破天際，朝著他們射擊。有些子彈沒有命中目標，而是射進我們臥室的窗戶；有顆子彈穿過一幅巴伐利亞風景畫卡在牆壁中。再也沒有任何東西是完好無損的，媽媽說道。男童和老人都被徵召去設置路障，以拖延美軍進城！我的姊姊伊爾莎則受命蹲伏在城外的散兵坑裡，留意敵軍傘兵的動靜。

當我坐在地窖裡，吃著我們就著燭光用洋蔥皮上色的復活節彩蛋時，我豎起耳朵聽著大家談論美軍把手榴彈丟進裡面躲藏著孩童和婦女的地窖裡。美軍就快要來了，他們也會把我們炸得粉碎！四月二日，當我們醒來時，在這棟昔日的憲兵隊公寓裡，只剩我們一戶人家；李特家、克魯格家和里道爾家全都逃到鄉下去了。他們拋下我們一家——一個寡婦與她失去父親的孩子們，獨自去面對正在掠奪這座城市的美國人。

四月五日凌晨一點，媽媽跟我們說，我們必須採取行動，我們的祕密武器不會再拿來阻擋美國人。我們排成一列來到我們的花園，媽媽手拿著一個鏟子走在最前面；接著是伊爾莎，她手拿著兩個大鍋具，葛楚德拿著一個盒子，我則拿著壓力鍋殿後。我們要去埋葬第三帝國。當夜晚在戰火焚燒下的文火中燃燒時，我們在梨樹下挖了一個洞。我們把裝有銀器的盒子包在一張地毯中，如此一來，它就不會被波蘭和蘇聯的軍隊給洗劫了。接著，我們把兩個鍋具埋好，至少當劫掠者離開後，我們還有東西可以炊煮。伊爾莎挖了第二個洞，把壓力鍋埋在裡面。自我的父母親結婚後，這個壓力鍋就一直用來蒸馬鈴薯。現在，裡面放了我們的保單、存簿、族譜，還有爸爸的文件，中間則是媽媽所珍藏的一個十八世紀橢圓形銀製胸針，上面刻有邱比特手拿花環的圖樣。爸爸的勳章也與天使邱比特在一起。

我們接著從梨樹往鴨圈方向走去。地面溼滑，因為鴨子總是把池塘的水拍濺上來。我們在這裡挖了另一個洞，這個洞永遠不會再被開啟。鴨子被我們吵醒，拍打著翅膀。媽媽把她的黨證丟進去，然後是伊爾莎的，再來是爸爸的。緊接著，是黨徽，黑色的萬十字圖案落在褐土上。然後，是一把上面刻有親衛隊標誌的大型軍刀、所有我父親獲頒的萬十字勳章，甚至還有他的一些肩章，最後是一把小口徑的手槍（我們一直把它保存在他的書桌抽屜裡）。最後，我們把第三帝國掩埋。我們用力踩踏腳下的泥土，黑夜於此時傳送了強烈的信號，天空雷電交加，美國人空投炸彈發出的嘯聲，劃破我們上方的黑暗夜空。然後，我們跑上樓把白色被單綁在旗桿上。

逮捕我們的行動很快就來了；這一刻我們還是希勒特第三帝國的公民，到了下一刻我們就隸屬於一個新世界。美軍悄無聲息地迅速穿過庭院，把我們團團圍住，然後強迫我們出到屋外。我們雙手抵住寇爾伯太太家的紅牆，士兵開始搜我們的身，檢查我們身上有無武器。搜我身的是爬上拜爾家圍牆的一個士兵。我的心臟在衣服下猛烈地跳動著，我的衣服散發出地窖陰冷的溼氣。他沒有注意到。他快速而專業地用手上上下下在我大腿的裡裡外外搜索著，然後是葛楚德。同時，美軍衝進辦公室，搗毀懸掛在我父親辦公桌上方、我們忘了要處理的希特勒肖像。他們打開欄杆上方的槍櫃，把裡面的槍枝全都砸爛了。槍毀了，但欄杆依舊挺立；接下來，美軍橫掃整棟公寓。我們仍然高舉雙手，像個犯人一樣，媽媽喃喃自語著。

一九四五年四月九日，基欽根市被轟炸過後五天，最後一批B－17轟炸機在西雅圖*出廠。我人生裡一段關鍵的形而上學教育時期，結束了。我的眼睛不再仰望天空搜尋那些讓我牙齒打顫、戴著氧氣罩的空中天使，現在，我的眼睛注視著美軍在白天沿著椴樹廣場架設電話線。他們以驚人的速度俐落地從大型的木製電纜線軸

＊譯注：西雅圖是B－17製造廠商波音公司所在地。

拉出一條條纜線。他們無中生有，組裝出一個由電纜線、機械和馬達構成的電話線路，它發出低沉的嗡嗡聲，發射光線，從空中捕捉聲音。美軍的行動敏捷而精準，身材精壯結實：我愛上了他們。

儘管德軍還在離我們不遠的地方繼續奮戰，德國的戰機也從空中掃射美軍，我卻成了第三帝國的叛徒：第三帝國被棄置在大廳的垃圾堆上。我們把戈林和希特勒從沙土中挖出，把他們撕得粉碎。他們的肖像碎片被堆放在碎裂的灰泥和裂解的來福槍堆上面。還有人從辦公室拿出用紅墨水標示的戰時航線圖，一併陪葬。戰爭結束了，成了微不足道的煙塵往事。

美軍實力強大。他們擁有強大的武器，使其攻無不克，戰無不勝；他們就像身上所穿的綠色制服一樣，精力旺盛。美軍展現了人與武器合一的境界。此外，美軍有食物。他們的野戰廚房就在我們庭院圍牆的後面，那裡是醫院的後院。我們聞到從庭院飄來的美軍食物香味。他們的廚房使空氣蒸騰，飄散著食物的美味；他們使用爐用煤油烹煮豐盛的食物。生活與高牆之外的美軍站在同一陣線；德國民眾每天下午拿著鍋碗瓢盆排隊討取美軍的殘餘飯菜，眼睜睜看著他們揮霍食物。拜爾太太如願討到咖啡渣。我們反覆使用這些咖啡渣煮咖啡，直到它們的顏色過濾到變成清淺的水色。

我的兩個姊姊穿著浴袍來到庭院。她們躺在梨樹下的椅子上，沐浴在四月和煦的陽光下，以脫去長時間藏身地窖而變得蒼白的肌膚。安妮萊斯和我從我們的樹上爬下來，去看鴨子，牠們低頭把嘴伸進水中，小口吃著枯萎的甘藍菜葉。我聽到了一聲口哨聲，接著又聽到另外一個。兩個口哨聲，兩種音調，第一個比較高，第二個比較低沉。有個美國大兵坐在圍牆上，朝我的兩個姊姊揮手，而她們連眼睛都不眨一下。然後，有兩個手拿著綠色酒瓶在喝酒的士兵，加入他的行列。他們大聲嗚叫、鼓譟。我的兩個姊姊依舊躺在椅子上動也不動。我和安妮萊斯呆若木雞地站著，被兩個椰菜洋娃娃包夾，我倆的頭就在我的兩個姊姊和圍牆上的士兵之間左顧右盼。我的姊姊為什麼不作聲或者有任何其他回應呢？反而是我忍不住想要替她們回應。但那些士兵連看都不看我一眼。我的兩個姊姊裹在圓點浴袍裡——伊爾莎穿的是紅色和白色，葛楚德穿的是白色和粉紅色，看起來就像是兩朵長在古老修道院淺棕色牆邊的巨大天竺葵。

圍牆上擠滿了美國大兵。他們或站或跨坐，一條腿懸掛在我們的庭院裡。他們揮手、喊叫、吹口哨，我的兩個姊姊只要動一動腳趾，牆邊的士兵就像是一道起伏的橄欖綠波浪，發出嚎叫。有個士兵甚至爬到醫院的屋頂，坐在用來裝飾屋頂角落的石球上。看到我的兩個姊姊對他們的口哨聲和喊叫聲，完全不為所動，他們開始朝我們的院子丟東西。一條又一條的口香糖——有綠色的，有黃色的和白色的，掉落到休眠的花圃中。還有好時（Hershey）公司深褐色的巧克力條、一整包的軍用K口糧、花生罐、鷗綠色的罐裝豌豆、豆子和桃子、瓶裝酒、蘋果醬和湯品。

安妮萊斯和我欣喜若狂，我們從兔籠下面拿出一個老舊盒子，飛快地穿過菜圃，撿拾那些悶聲不響地掉落在地上的東西。一盒鴻運香菸是裡面最貴的東西。後來，媽媽把它拿到黑市去交換奶油——她總是說，只要她想，她可以用那盒鴻運香菸開創出一個帝國，只是心術不正的騙子無處不在。

我們的盒子很快就裝滿了，我的兩個姊姊依舊不為所動。我們就像是食腐動物急速奔跑。美國人的天堂向我們大大敞開。許許多多隻手不斷地把物品朝我們丟來。我知道他們不是為了我，但我把它們撿起來。我成了兩個姊姊的代理人，既然她們不回應，那麼就由我來。

美國大兵在牆邊開起香檳，軟木塞迸飛到空中。我的兩個姊姊仍然沒有移動她們的躺椅。有個士兵把一雙軍靴丟進庭院裡。媽媽穿著圍裙衝了出去，手裡拿著毛巾，手指著門，叫姊姊進到屋裡。兩個姊姊進到屋裡後，群集於圍牆邊的士兵發出嚎叫，連我們的梨樹都為之震動，然後他們漸漸散去，回到他們的地盤。

在那個奇蹟般的早上過後，我來來回回找了好幾次，把庭院的每一寸土地都找遍了，以確保我沒有遺漏任何東西。我們先前沒發現口香糖——黃色包裝紙的箭牌口香糖。當我剝開包裝紙和泥土，我看到了形狀像威化餅的扁平口香糖上有黏乎乎的細小球粒。螞蟻已經捷足先登了。我把牠們撣掉，放進口裡咀嚼。它的滋味黏而鮮甜。美國聞起來就像黃箭口香糖。

我對美軍的熱中變成了癡迷。雖然德軍仍然在北部和西部力阻盟軍的攻勢，我的靈魂卻已經向征服者投降了。我全心全意支持他們的統治。我為了美軍在早晨起床，在晚上上床睡覺。真理和公義全站在他們那裡。

當他們給我們這些小孩《生活》雜誌，裡面刊登了德國集中營的照片，告訴我們要拿給我們的父母看時，我毫不猶豫地立刻相信這些照片的真實性，雖然大人們都說那是謊言，是為了宣傳。德國人絕對不會做那樣的事情！我為美國人辯護，說他們不會說謊！我是美國人的信使，我想要宣揚他們的真理。當里道爾太太嘲笑我，問我怎麼知道他們所說的是真的時候，我回了她一句：「美國人這樣說！」

我生活在一個男性主宰的世界裡，其中包含了一個大廚，他是個個頭魁梧的士兵，可以單手把我舉起塞進他的大鍋子裡。還有「某人」，我已經忘了他的名字，他的頭髮烏黑，到了晚上總是喝得醉醺醺，然後把酒瓶往牆上扔。還有愛德華，他是技工，以及查理，他從不穿T恤；不論他去哪裡，他的狗牌（兵籍牌）*總是噹噹作響。最後一個是雷（Ray），他的名字聽起來很像德文裡的「Reh」，意思是鹿。到了晚上，我會閉上眼睛跟神禱告說：「親愛的上帝，請保守我的爸爸、媽媽、伊爾莎、葛楚德、愛德華、大廚、某人、查理、我和雷！」在這個順序裡，我把美國人完全融入到我的封閉世界裡，我每天晚上都會在上帝面前為他們提名代禱，當我閉上眼睛，他們就是我的守護天使。

我把雷放到最後一個，並不表示他最不重要。我把他的名字當作是一個驚嘆號，來結束我的禱告！我在禱告中，看見雷在這支行軍隊伍裡殿後壓陣，保護著他們。

現在和未來完全屬於美國人，屬於雷。陽光燦爛，照耀在穿著綠衣的美國大兵身上。雷在他的衣物櫃最上層放了歐仕派（Old Spice）體香膏，還有巧克力和口香糖。他准許我愛拿多少就拿多少，雷很照顧我。他為我征戰；為了俘獲我，他與德軍對戰了數千英里。

雷讓人捉摸不透。有時候，他的慷慨仁慈變臉為冷酷的吝嗇；當他告訴我沒有巧克力、沒有口香糖，而且不准我查看他的衣物櫃頂層（鬍後水的味道從這裡飄出）時，帶給他莫大樂趣。衣物櫃頂層是我的。雷獨斷地沒收我的權利，他是故意的。如果我強行要查看衣物櫃的頂層，他會打我的屁股。我不會質疑他的善變性

＊譯注：兵籍牌（identification tags，亦稱軍籍牌、兵籍名牌、金屬身分識別證），又俗稱「狗牌」（dog tag），始於美國南北戰爭時期，是為了便於對戰場上的傷亡士兵進行身分鑑別，以及了解諸如血型、預防接種史及宗教信仰等必需的醫療相關基本信息而備。

格，雷是宇宙至尊、最高的統治者，他有權恣意而為。他的喜怒無常挑戰我，也挑戰他。

我使勁來到衣物櫃頂層；裡面有一條好時巧克力條，雖然雷說沒有巧克力。他已經躺平；他躺在床上邊聽音樂，邊看一本以迪克・崔西為主角的漫畫。

當雷看到我的舉動，會把我從衣物櫃強拉下來，還打我的屁股。然後，又躺回床上。他的懲罰很短暫，不痛不癢。這反而激發我進一步挑戰他的權威。我又一次不把他放在眼裡，也再一次被他打屁股。

雷有一個全新的懲罰方法。他用手背而不是手掌打我的屁股。這使我想起美國人的坐姿，當他們在院子裡，經常是反坐在椅子上；臉面向椅背而坐。

在屋外，越過圍籬，里道爾太太在屬於我們家的那塊庭院曬衣服；她展開了一項眾所周知的例行儀式，在一種如夢似幻的狀態中移動著，將衣物掛滿曬衣繩，一如用日常瑣事填滿其生活。我則被舉到半空中，進入了閃閃發光的巨大獵戶座的手臂中。我用我不解其意的英文字「屁眼」（asshole）、「吸屌的人」（cocksucker）回應他，雷馬上鬆開他的手。他追著我跑，他在門口或在走廊上抓到我之後，把我帶回他的房間。走道上空蕩蕩的，其他士兵的聲音從樓下大廳傳上來。雷的兵籍牌叮噹作響，我盯著它們看，看得入迷。「那是髒話！」他說，「很髒、很髒的話。」我給了雷處罰我的理由。他的手在說到「髒」字的時候，力道特別大。

雷收起笑容。我每逃一次，他的處罰力道就愈重。他不再分手背、手掌，盡情地用手打我的頭、我的側邊、我的胸部、我的腿，他想打哪裡就打哪裡，任何能發洩他的怒氣的部位。

媽媽到了晚上才發現。我正準備上床睡覺時，她發出尖叫：「耶穌馬利亞！」她掀開我的衣服。就在她奔下樓去找里道爾太太的時候，我站在鏡子前面端詳自己；一片瘀青，雷製造的顏色從我的屁股向上布滿我的全身。綠色、藍色、紅色、夕陽色、旭日色，我全身上下猶如一片綠油油的庭園地景。

里道爾太太用手指觸碰我的臀部。我可以感覺到她的氣息吹在我的肌膚上。我不發一語。她們問我是誰做的，我說又不痛，我不知道是誰。然後，這兩個女人放聲哭喊，雙手合掌於胸前；看起來就像是懇求著上蒼的聖母像。我最後向她們吐實，但我無意要背叛雷。

她們不顧宵禁的規定，強行把我拉到猶太學校去，那裡已經被美軍軍官占用。一個身穿淺色長褲和棕色夾克的軍官站在我的面前，我得再次脫下褲子讓他查看。里道爾太太堅持犯下這種罪行的人，一定要受到懲罰！我覺得很糗，我無法直視眼前的軍官。他繞著我轉了一圈，然後彎下腰來仔細查看我的傷勢。他從他的無框眼鏡朝我眨了眨眼。我說，不痛。我不懂里道爾太太所說的「罪行」是什麼意思。我陷入沉默，拒絕再多說些什麼。

這樁小插曲後來不了了之，生活依舊如常。我被告誡要遠離美國人，但他們是我無法根治的癮。我又回去找雷。他心情好的時候，會給我一條好時巧克力，摩娑我的頭髮，當他心情不好的時候，就會打我的屁股。

在第三帝國垮台後沒有多久，我們在壕溝玩耍。我的玩伴有一個來自西利西亞的女孩，和另一個來自東普魯士的女孩，以及家住廣場附近的漢斯、一對老夫婦的兒子曼福瑞，還有喬治，他的母親是寡婦，住在兩個街區外。西利西亞女孩的頭上綁了一個白色蝴蝶結。我們這些第三帝國的餘民，在這個淪為垃圾堆的第三帝國廢墟附近晃蕩。

我們從這個垃圾堆裡拿了一些東西，然後開始興致勃勃地在技術緊急服務站遍滿青草的山坡頂上，搭建帳篷。我們受到驅策要建造一個房子，要在這個廢墟中建立某種小窩，彷彿我們想要戰勝周圍的混亂。我們花了好幾個小時完成，然後透過想像力完成最後的拋光作業，使其幻化成一棟雄偉的建築物，然後我們爬進裡面。裡面悶熱難當，還有蚯蚓在那張充當屋頂，而且已經腐爛、發霉的帆布上匍匐爬行。

那是一個溫暖的晴朗天氣。美軍的駐地就在我們對面的街道上。他們的嘈雜聲和播放的音樂聲傳進我們耳中，我們置身在親手搭建的帳篷中，有種安全感，覺得受到庇護。

然而，戰爭尚未結束；戰爭正半張著眼睛注視著我們。我們的稚氣幻想包含了一個更深刻的震撼：死神被捲入成了這場事件的核心，死亡猶如一個等待著被觸發的彈簧。我們觸發了自己的死亡。我們在一枚被棄置的手榴彈上方造屋，或許那是德軍遺留下來的。爆炸的聲音當場震聾我的耳朵；在隨之而來的寂靜中，帳篷飄到空中，頃刻之間灰飛煙滅，四散各處，彷彿上帝在向它吹氣。

我又回想起了我當時第一眼所看到的顏色：那是從西利西亞女孩大腿間流出的鮮血，鮮血染紅了她的輕盈連身裙。她仰躺著，眼睛閉著發出呻吟聲；她的頭撞上石頭，髮上的白色蝴蝶結看起來就像一隻壓扁的蝴蝶。另一個女孩身體蜷曲、緊貼著淌血的朋友。我站立在漸漸消退的混亂場面中。我把那個女孩的鮮血看作是一種生命的徵兆。漢斯仰躺著，他的四肢以古怪的角度癱軟在地。他的臉被一大片手榴彈碎片所覆蓋。他的左臉頰有一道又大又深的傷口。他的一條腿不見了；他的眼睛張開，彷彿它們仍在試圖要釐清這個突如其來的命運的反轉；這雙眼睛直視著太陽，連眨都不眨一下。曼福瑞的頭蓋骨被炸開，軟溼的物質從他的太陽穴滴落。喬治，一個寡婦的兒子，他坐在地上手抱著頭；當鮮血從他的頭顱噴出時，他放聲尖叫。他的身體看起來燒焦了。我分裂成兩個自我，一個感到迷茫，一個則神智清醒。我注意到美國人從憲兵隊一樓的每一扇窗戶往外跳。吉普車和一輛救護車朝我開來，我那時候害怕得不敢移動半步，站在那裡一動也不動，彷彿只要稍微移動一下就會沒命。有個美國士兵朝我走來，然後把我抱在懷中，但我開始掙扎尖叫。我只想找媽媽。我扭動著身體從他的雙臂中掙脫，然後跑回家，我沒有意識到自己滿身是血。媽媽在門口看到我，臉色發白如鬼魅；當我上氣不接下氣、混雜著驕傲與恐懼的心情告訴她，漢斯和曼福瑞都死了的時候，她的目光始終凝視著我。

我感到飄飄然；大家看我的目光彷彿我是英雄，我是唯一從這場爆炸脫身的人！當我經過廣場的時候，大家停止交談，並用手指著我。我盡情地暴露在陽光下，而陽光卻淹沒了遭黑色火球吞噬的漢斯和曼福瑞。

一切都結束於某天早上。一九四五年夏末（蘭德維爾廣場樹葉的蔥綠已經褪去）的某一天，我和平常一樣來到樓下，發現廣場空蕩蕩一片。我找過雷，但已人去樓空。在這棟古老修道院裡，拜爾家的門窗大開；美軍離開了。口香糖的包裝紙沿著街道隨風翻飛。

我孤零零地站在老椴樹下，看著最後一批軍用卡車離開。卡車全力加速爬坡，駛進八號聯邦公路，他們自此從我的生命中消失。愛德華、大廚、「某人」、查理還有雷抛下我，連一丁點的暗示或提醒都沒有。他們抛下我，消失在夜霧中。他們曾經存在的唯一證據，留存在我對他們的珍愛記憶中。

第五章　對抗兩個敵國

一個芬蘭家庭的奧德賽之旅

史蒂娜·卡查杜里安在芬蘭與瑞典兩國之間度過戰時歲月。芬蘭遭到兩個侵略國的夾擊，起而對抗史達林統治的蘇聯與希特勒領導下的德國。第一次的戰役，也就是著名的冬季戰爭，由蘇聯於一九三九年率先攻打芬蘭，這場戰役僅持續了數月。第二次對抗蘇聯的戰役，芬蘭獲得納粹德國的協助，這場著名的繼續戰爭從一九四一年持續到一九四四年。蘇聯當時強迫芬蘭改變其效忠國家，芬蘭為了維持國家最大的獨立性，而在第三次戰役中在北極與德軍交戰。芬蘭夾在德蘇兩國之間飽受壓迫，最終選擇倒向同盟國。

史蒂娜的回憶錄《拉普蘭國王的女兒》，敘述了她的家庭幾次在戰爭的毀滅性災難來臨前，啟程離開家園尋覓安身之處的旅程。當她的父親拉萊在蘇聯前線指揮部隊作戰時，她的母親努妮則帶著史蒂娜和她的姊姊珍珠，以及她們的褓姆兼管家芮卡，從赫爾辛基來到芬蘭的拉普蘭省，再到瑞典。這本回憶錄提供了一個稀有的觀點，來看芬蘭對二戰的貢獻。此外，它也體現了展現在史蒂娜雙親身上的人類高貴情操，他們在面對無數慘絕人寰的人禍時，所展現出來的勇氣和正直。在史蒂娜的故事裡，我們看見了一個少女如何勉力保持幽默感和創意，以度過顛沛流離的苦難歲月。

我在五歲末的時候，知道有兩件事是確定無疑的：只要我看到媽媽努妮伏在書桌上寫信，爸比就還活著。他離家前往所謂的「前線」，要嚇退俄國人。如果爸比死了，那麼努妮是不會寫信給死人的。

還有另外一件事也不容置疑，就是蘇聯的飛機今晚會出現，因為我們掌握了蘇聯全天候的氣象資料。熾熱的太陽高掛在蔚藍無雲的天空，這是一九四二年某個冷冽冬日，但這並非吉兆。你可以看出大人們無不憂心忡忡；他們持續留意天空的變化，我得到允許可以在雪地裡玩一會兒，但我必須穿上我的白色雪帽，蘇聯的飛行員才不會認出我。當我準備上床睡覺時，我會確認我的小狗玩偶安好地躺在我的身旁，萬一我們必須立即衝進防空洞，我可以隨時帶著它離開。

午夜剛過，安裝在我們公寓頂樓、外型很像蘑菇的警報器，「沙啞的佛雷迪」，開始發出空襲警報。努妮趕緊把我喚醒，給我穿上會發癢的長筒襪、鋪棉外套和毛氈靴子。我知道，要下到公寓地下室充當我們的防空洞的公用洗衣室，要經過三百二十個螺旋階梯。隨著樓上住戶接二連三湧入，洗衣室的門嘎吱嘎吱作響。當我們穿過一連串木柱來到洗衣室後面的牆壁時，發霉、令人窒息的氣味撲鼻而來，這些木頭樑柱是為了預防公寓遭受攻擊時，屋頂塌陷而壓到我們所以豎立的。

偶爾，有人開門進出時，我們可以聽到戰機的隆隆聲響，以及我們的地面部隊展開反擊朝敵機發射機關槍的「搭－搭－搭」聲音。探照燈掃視漆黑的夜空。爆炸的聲音接連不斷由遠而近傳來。我看著努妮：爆炸有多近？她面露微笑看著我，我知道莫洛托夫*和史達林不會發現我們在這裡，而且還有爸比在某個遙遠的地方嚇跑他們。

一九四二年冬天，天氣異常地冷。我們的公寓都結冰了。媽媽要搭乘沒有暖氣的電車進城，為了讓自己在車上可以舒服些，她想到了一個妙招，媽媽用一些奶油換了一張黑色羊皮，然後把它縫在要穿的冬季薄外套裡面。

春天終於來了，天氣變得比較暖和，白晝也更長。當蕁麻吐露新芽，我們會採摘一籃子的蕁麻充作「菠菜」拿來煮湯。我們採集蒲公英的根部，經過乾燥後當作咖啡來喝。我們還會將覆盆子的葉子、椴樹的花朵和紅醋栗的黑色葉子乾燥後，製作成「茶飲」來喝。當春天轉為夏天，我們會和鄰居一起照料我們的小菜園，裡面種植了胡蘿蔔、馬鈴薯、豌豆、小蘿蔔、甜菜和豆類，我們充分利用每平方英寸的土地，絕不浪費。當時，全國各地都在大量栽種蔬菜和馬鈴薯：甚至在城市裡，一些開放的廣場和市場，都拿來種植馬鈴薯。

有一天，我發現媽媽坐在書桌前，盯著桌上一小堆金飾。那裡面有外婆的一只手錶，她之前用一條金鍊子把它掛在脖子上。還有一個綴有黃金和珍珠的女用胸針，以及一個鑲有鑽石的帽針。努妮拿下手指上的婚戒，看著我說：「這些首飾要送到部隊，讓軍隊可以買更多飛機來保衛我們的國家。」她的聲音顫抖。她還告訴我，她和其他捐出婚戒的婦女將會從政府那兒獲得一只普通的鑄鐵戒指，做為交換。努妮終生戴著那只戒指，彷彿那是一枚榮譽勳章。

我的父母本來有辦法可以讓我們姊妹遠離戰時會面臨的危險：他們可以送我們去瑞典。如果我的父母要求我去瑞典，我很可能會同意。瑞典聽起來似乎不錯。我曾見過幾個瑞典人，包括了爸媽的朋友，還有一些身上散發著香水味、穿著時髦的瑞典女人，她們說著一種聽起來有些滑稽的瑞典話，彷彿在唱歌。我曾在雜誌上看到瑞典王室（國王、王后和公主們！）的照片，我也曾聽過關於瑞典的故事：那裡沒有戰爭，那裡是和平的國度。你可以愛吃多少巧克力和橘子就吃多少。你只要走進店裡，就可以買到新鞋子。我的兩個堂兄弟和幾位朋友就被送到瑞典。

＊譯注：莫洛托夫（Vyacheslav Mikhaylovich Molotov, 1890-1986），一九四二至一九五七年任蘇聯人民委員會第一副主席。

不過，在一次史上最大規模的兒童遷徙事件中，芬蘭有七萬名孩童離開家園。這是仿效「難民兒童運動」的芬蘭兒童大遷徙，難民兒童運動發生於一九三八年至一九三九年二戰爆發期間，主要是把來自德國、奧地利、波蘭和捷克等國家的猶太兒童，送往英國，以免他們遭到納粹迫害。大部分的芬蘭兒童被送往瑞典，有四千人被送往丹麥，有一百人則被送往挪威。

我們活了下來。這要歸功於努妮和拉萊的努力，以及芮卡繼續在廚房裡盡忠職守的壯舉，使我們得以倖存下來。我們逐漸習慣了在防空洞裡度過夜晚時光、習慣了漆黑一片的城市和物資的匱乏，甚至習慣了恐懼。偶爾，拉萊休假回來，那麼他在家的每一天都像是在過節。

在戰爭的年日裡，我們曾離開家園兩次：一次是在冬季戰爭爆發時，另一次則是在繼續戰爭*爆發時。我們已經逐漸習慣來到一個新地方生活，而不知返鄉的歸期。我們後來的確回到了赫爾辛基，儘管我們擔心空襲，但我們希望能在這裡待到戰爭結束。殊不知，這只是我們未來展開流離顛沛生活的開始而已。

在一個寒冷的十二月夜晚，亦即在一九四三年進入到一九四四年的跨年夜裡，總統照例向全國人民發表肅穆的新年廣播談話，我們打開收音機收聽。我們的公寓還是和平日一樣寒冷。媽媽已經在壁爐裡生火，我們現在要輪流把我們的新年「運氣」——一片錫箔——放在一個長柄杓裡，然後手拿杓子在燒紅的煤炭上烤，看著它熔化成一灘濃稠的銀色液體。然後，在我們喊出自己的名字時，快速抖動拿著杓子的手腕，讓燒熔的錫箔掉落到下方裝著冷水的水桶中固化，以顯示我們來年的「運氣」。

媽媽強顏歡笑把那些閃閃發亮、冷卻成不同形狀的固態錫箔，解讀成是好消息：那個是爸比要回家了，這個是食物就在路上了，還有，注意看了！這是一件給

＊譯注：繼續戰爭（Continuation War），第二次世界大戰中發生了一系列與芬蘭相關戰爭，一九三九年十一月三十日起蘇芬間爆發冬季戰爭，一九四一年六月二十五日起蘇芬間又展開繼續戰爭，隨後一九四四年九月十五日起德芬間開始拉普蘭戰爭。對芬蘭而言繼續戰爭是其中的第二階段。

珍珠的化妝舞會服裝！其實，她的心情沉重無比。戰死在前線的士兵人數每天都在增加中，食物匱乏的情況愈來愈惡化。學校時開時關，已經被「遠距學習」所取代，課程內容印在報紙上。我的姊姊和她的朋友們必須接受政府公布的跳舞禁令。她們努力收集點數以換取「鐵鍬」，這是一個小型女用胸針，是政府用來鼓勵老百姓在大後方善盡國民之責：採收馬鈴薯、拾柴、擔任褓姆、協助老年人。我採集松果當作壁爐的燃料。芮卡在她的地盤——廚房（甚至連媽媽要進廚房，她都不見得歡迎）裡，不論可用的食材有多缺乏，仍然想辦法做出美味的食物。大人經常對我們耳提面命：吃光盤中的食物！

我們原本可以繼續過這種生活一段時間。但是，在一九四四年二月六日那天，我們的生活出現了翻天覆地的變化。那天晚上，蘇聯對赫爾辛基展開了第一波的大規模空襲行動（三次大規模空襲中的第一波），目的是恫嚇赫爾辛基的市民。但是，赫爾辛基的防空系統就是為了因應這類的敵機空襲行動而部署的。從德國引進的現代空射砲迎戰來襲的敵機，展開密集的猛烈回擊。但是，仍有一百個赫爾辛基市民死於這波攻擊，各大醫院湧進了大量受傷的婦女與兒童。

史蒂娜・卡查杜里安與她的母親，露娜・「努妮」・林佛斯。於赫爾辛基，1945。

我的父母親馬上就意識到，赫爾辛基不再適合居住。學校關閉了，每一個人都在為第二波空襲行動預作準備。二月八日，赫爾辛基的空防司令強迫市民離開。我們再次打包行李。這次我們投奔碧姬阿姨與伯特姨丈的避暑夏屋，這裡位在赫爾辛基東部一個小時巴士車程遠的地方。

在我們住進碧姬阿姨的夏屋十天後，另一波轟炸機空襲赫爾辛基的行動展開，空投的炸彈數量甚至比第一波更多。防空系統的部署證明發揮了功效：三千五百顆投彈中只有一百三十顆命中赫爾辛基，死傷人數輕微。接著，最後一波的空襲行動在二月二十六日展開，這波攻擊為赫爾辛基帶來了毀滅性的災難。敵機在十二小時內一波又一波接力轟炸赫爾辛基，建築物被夷為平地，市民的傷亡人數高達數百人，赫爾辛基看起來像是一座注定要毀滅的城市。在轟炸期間，媽媽和阿姨不禁懷疑我們是否搬到了離赫爾辛基夠遠的地方。

不久前，我無意中聽到了暴怒的伯特姨丈厲聲斥責我的表兄弟。我之前從未聽過他大聲說話。但這次，他對孩子怒吼，碧琪絲阿姨在一旁低著頭緊盯著她的針織品，看起來飽受驚嚇。

「這是我聽過最愚蠢的事情！你直接回去，然後道歉，聽到了嗎？跟他們道歉，告訴他們你永遠不會再犯。你讓我覺得丟臉！」

惹他暴怒的原因，是沿著我們的住處往下走，有一家猶太人。他們認識伯特姨丈一家人，而且有個兒子與我的最小表弟同年。我的表兄弟與他們的兩個朋友決定要捉弄這家人。他們一行人來到他們家門口，然後大聲唱著納粹黨的黨歌〈霍斯特・威塞爾之歌〉。裡面有人偷偷從窗戶往外看，認出了我的表兄弟，然後打電話給伯特姨丈。

一九四四年春天，蘇聯與芬蘭有意結束兩國的戰爭，雙方共同做了一些努力。但芬蘭人拒絕接受蘇聯所提出的無條件投降要求。芬蘭有數十萬士兵深陷於卡累利阿東部和卡累利阿地峽，若有必要，芬蘭仍然有能力徵募更多部隊。這種獨自與蘇聯謀和的行動其實冒著極大風險：德國會怎麼回應呢？芬蘭需要德國的武器和協助，而且德國本來就派駐了好幾師的部隊在芬蘭。此外，芬蘭的食物匱乏情況日益惡化，而從德國進口大量食物。

一九四四年六月九日，在盟軍登陸諾曼第後三天，蘇聯軍隊對卡累利阿地峽發動大規模攻擊行動。蘇聯集結了大約四十五萬名士兵，配備一千輛重型坦克和一萬門大砲擊退孤注一擲的芬蘭人，往西部撤退。一千架蘇聯戰機轟炸芬蘭的軍事陣地。在這個時節，既沒有暗夜做為掩護，也沒有冬雪或嚴寒的氣候可以拖延蘇聯的進攻。

面對幾近崩潰的國防，加上蘇聯勢必會展開新一波的攻擊，芬蘭只有兩條路：用減少中的資源繼續奮戰，或是在被迫投降之前求和。馬內爾漢元帥與政府現在傾向於趁戰事稍歇的此時，向莫斯科當局傳遞謀和的試探性訊息。

但蘇聯提出了一個先決條件，要求芬蘭先與納粹德國正式斷絕關係，才會與芬蘭展開和平協商。而且不僅如此：芬蘭人將會看見駐紮在國境北部的第二十山地師德軍，總計超過二十萬士兵在兩個星期內全數從芬蘭撤軍。這個時間從芬蘭接受蘇聯的媾和條件開始起算。如果德軍不能在兩星期內撤離——就士兵人數而言，這在後勤作業上是一樁不可能的任務，那麼芬蘭將會採取行動，把尚未離境的德軍當作戰俘來拘留他們。

這是一項艱鉅的任務，但別無選擇。

在正式展開停火協商之前，我的父親決定我們必須離開碧姬阿姨的鄉間宅邸，再度往北部遷移。但這趟旅程的目的地要比前一次更北、更遠。六月中，我們終於來到了一處農場，這裡靠近上托爾尼奧，這個小鎮濱臨一條穿過芬蘭和瑞典國界的河流，距離北極圈只有幾英里之遙。很久之後，我讀到了爸爸當初寫給媽媽的信，我才恍然大悟他為什麼會要我們盡可能找靠近瑞典的地方避難。他的理由是芬蘭不久後就不再是一個自由的國家了。萬一蘇聯占領了芬蘭，我們只要越過托爾尼奧河，就能抵達瑞典，來到自由的國度。「寫一份書面指示給珍珠和芮卡，上面附上史萬特（拉萊的一個瑞典同事）在瑞典的地址和電話，以防你無法與他們一起越過邊界。」他如此提醒媽媽。

拉萊不是唯一擔憂蘇聯即將占領芬蘭的人。然而，即使連像我父親那樣謹慎的人，都無法預見他正把自己的妻兒直接送往一個未來的戰區。

我的母親不知道還有另外三個不速之客，正偷偷地加入我們的北芬蘭旅程，跟著我們前往拉普蘭省：一對紅髮的雙胞胎兄弟葛特和貝特，還有他們一個活力充沛的矮小朋友安紹溫勤・彭謝利。我們住在赫爾辛基的時候，他們就是我們公寓的常客，我沒有向其他家人隱瞞他們的存在。有時候，我們的晚餐桌上得另外增加三個座位，其他時候，他們只是打電話，然後一聊就聊很久。葛特和貝特彈鋼琴，安紹溫勤作曲。葛特動不動就打嗝，貝特會挖鼻屎，安紹溫勤有嘴裡含著食物說話的習慣。他們的不受控，加上我們喧鬧的聊天聲音，都讓大我六歲的姊姊，在她的朋友面前感到無地自容。

為什麼會這樣？我對她的反應感到不解。他們又不占空間。他們也不吃難以取得的食物。而且，萬一半夜空襲警報響起，他們從來不會叫不醒而不去防空洞。我的三個玩伴全是我的想像力產物，自從我的真人玩伴全都各奔東西後，它們填補了他們留下的空缺。

當我們抵達上托爾尼奧火車站的時候，我們得知從芬蘭南部撤離的人大量湧進了我們打算要去的農場，那裡已經人滿為患。所幸，我們在火車站碰到了一個從其他農場來的害羞女孩，她要我們跟著她走。我們先把行李寄放在火車站，跟著她一起去她住的農場，那裡離那條橫越芬蘭和瑞典國界的河流只有扔一顆石頭的距離。主建物是一棟蓋在空曠土地上外觀氣派的矮房子，四周有外屋、戶外廁所和穀倉。我立刻愛上了這個地方：有一隻狗、一間雞舍，我還看見了三頭乳牛和一匹馬在附近一處田野吃著牧草。

我的心為之雀躍不已：我們在拉普蘭了。我對拉普蘭有一些認識，因為努妮和拉萊曾來這裡旅行了幾次，他們在沒有樹木、風勢強勁，被斯堪地那維亞人稱為「丘原」的拉普蘭群山上進行越野滑雪活動。拉普蘭不是一個國家，而是一個地理區域，由芬蘭、瑞典、挪威和俄羅斯的北部地區共組而成。我們現在在芬蘭的拉普蘭省，它的面積幾乎占了芬蘭國土的三分之一，一直往北延伸至北極海。我也知道拉普蘭人住在拉普蘭，他們與芬蘭人分屬不同的種族。他們是芬蘭的原住民，隨著芬蘭人遷居於此，他們被迫逐漸向北退居，愈退愈北。他們有自己的語言，他們自稱為「薩米人」。他們是這片廣袤土地的住民，他們飼養馴鹿、穿著色彩繽紛的民族服裝，住在外觀看起來像是圓錐形的帳篷、被稱為「科塔」的房子，而且努妮告訴我，他們知道許多大自然的奧祕。我對自己置身在拉普蘭激動不已，但我在上托爾尼奧看不到任何一個拉普蘭人。接待我們的人家是芬蘭人。努妮說，真正的拉普蘭人住在更遠的北部。到了夏天，他們便往更北的廣闊凍原與丘原照料他們的馴鹿。

我們一抵達農場，葛特、貝特和安紹溫勤·彭謝利就消失在空氣中。這個接待我們的芬蘭家庭有五個孩子，他們都是活生生的血肉之軀，而且還有其他附近的孩子。這片土地在六月底全境籠罩在二十四小時的永晝季節中，大麥和小麥田遍布，托爾尼奧河河水豐沛，距離農場只有五分鐘的路程，河水魚產豐富。在這個芬蘭北部邊境地區，我們可以看到阿瓦薩克薩山雄偉壯麗的輪廓，這是拉普蘭人的聖山，也是一處熱門景點，可以在此觀賞到午夜太陽下沉至地平線，接著，彷彿有條魔力繩把落日往上拉，太陽又再次升起。

爸爸趁著休假在赫爾辛基的家中寫了一封信給努妮：「我寄了兩條需要縫補的長褲。褲子裡面包了一個平底鍋，鍋裡有兩個雞蛋，外面包了好幾層報紙。儘快回信給我，告訴我它們是否都平安抵達了。如果時間允許的話，我會再寄一份包裹給你，裡面有兩條黃瓜，還有一些蘿蔔和大黃，以及裡面裝有鹽漬波羅的海鯡魚的白色搪瓷牛奶桶。」

「這裡是個美麗的地方，」媽媽回信寫道，「清晨，當我獨自一人、陽光又分外燦爛的時候，我偶爾會停下腳步站立在小徑上。牧場的乳牛已經認得我，當我呼叫牠們的時候，牠們會朝我走過來——牠們甚至知道自己的擠奶順序。當我做完牧場工作，提著蒸過的牛奶沿著鄉間小徑走回家時，我感受到大自然的寧靜與和諧，我很想家，我思鄉的心全心愛著你。」

但是，雞蛋撐不了路途的顛簸。第二份包裹送達的時候，裡面的十二個雞蛋破了六個，還發出臭味，這讓爸爸決定不再寄雞蛋給我們。

然而，在六月到七月初這段時間，連小孩都感受到有事情不對勁。每天，都有火車從卡累利阿前線駛往上托爾尼奧的小火車站，棺材一個接著一個從火車上被卸到月台。天氣炎熱，當風從火車站的方向吹來，難聞的屍臭味隨風飄散。在這段期間，我的姊姊習慣用手帕遮住鼻子坐在門廊的台階上。

「你不會喜歡的。火車站的月台上放著棺材，飄著難聞的氣味。」

「你怎麼知道爸比不會是那些棺材中的一個呢？」我好奇地大聲問她。

「因為他答應我們他一定會回來的，傻瓜。」我的姊姊向我保證。

教堂的鐘聲日夜響不停，叫喚大家參加葬禮。棺木必須儘速下葬。有些棺木上標示著「請勿打開」的警語。媽媽穿著白色襯衫、黑色長裙，騎著單車參加一個又一個葬禮，並探望慰問失去丈夫的寡婦，在悲傷的沉默中，和她們一起靜靜地喝著苦澀的咖啡代用品。「這些女人實在了不起，」她在寫給拉萊的信中如此寫道，

「她們在丈夫或兒子不在家的期間，一手包辦農場所有的大小事。她們談論死者的神態莊重而肅穆。上個星期日，教堂一天就要舉辦八個葬禮，棺木占滿了教堂，出席葬禮的人只能站在教堂外面。」

一九四〇年秋天，當地人在疑慮中迎接抵達拉普蘭的德國軍隊。歷來，鮮少有外國人會冒險進入這個地廣人稀的地區。這些陌生人究竟是為了什麼來這裡呢？他們要停留多久？然而隨著時間過去，這些德國士兵和當地芬蘭人的接觸日益頻繁，讓本地人感到安心多了。畢竟，他們知道他們需要外援來抵抗彼此共同的敵人——蘇聯，蘇聯的軍隊越過芬蘭東北部的邊界，引發了數千名當地居民極大的恐慌，而逃離居住的村莊。德軍人數龐大：駐紮當地的第二十山地師部隊人數總計達二十二萬人，是芬蘭拉普蘭省總人口數的一倍多。

在午夜太陽普照的拉普蘭，這種變化演變為一種不穩定的共存關係，而且持續了三年之久，德軍與當地的芬蘭人都從中各蒙其利。德軍有錢，他們可以用錢從芬蘭人那兒買到馴鹿肉和其他食物、木柴，還有馬匹吃的乾草。他們僱用芬蘭人，並且付給他們優渥的工資。他們跟芬蘭人租用馬匹和房間，以及租用土地興建軍營。德軍則改善了當地的道路和供電等基礎建設。德軍也協助修葺當地的建築物，軍車則被用來載運木柴。德軍出借馬匹協助芬蘭人耕作和播種。德軍的汽油則幫助了芬蘭人可以把車子開上路。就戰時而言，拉普蘭的經濟運作良好。相較於挪威，德軍在該國是一股占領勢力，普遍受到當地人的憎惡；在芬蘭，他們被要求在行為舉止上必須表現得像「客人」。

不過，雙方也會出現摩擦，主要是為了女人。德國人和芬蘭人也許系出同源，彼此是「一個兄弟民族」，但在種族純化的名義下，納粹阻止德國士兵與芬蘭女人發展出親密關係。然而，由於當地婦女的男人相繼離家上戰場，年輕的德國士兵則因為遠離家鄉而倍感寂寞，男歡女愛的事情勢必會發生。許多芬蘭女人愛上了德國大兵，而他們也樂不思蜀地把規定全拋在腦後。對年輕的芬蘭女人而言，與德軍一起工作經常是有名無實，她們實際上過著參加派對、飲酒作樂的生活，那是取得食物和衣服的門路之一，而且還可以跟著部隊移動，這種生活遠比在拉普蘭荒野中一個孤立的村莊過著與世隔絕的生活，刺激得多。大家覺得在一些徵人啟事中設法隱瞞這個事實，沒有太大意義，想想看如果一個本地女孩被人看見與一個德國大兵交際，兩個語言不通的人在一起，除了性之外，他們還能做什麼呢？如果女方未婚，有權者往往會睜一隻眼，閉一隻眼。在戰爭時期，你還會期望什麼呢？然而，他們會嚴懲已婚婦女。在拉普蘭，一個道德低落的已婚婦女足以影響在前線作戰的丈夫的鬥志，這是非常危險的。「令人遺憾的是，」羅瓦涅米當地一份報紙寫道，「當芬蘭男人在前線飽受戰爭的折磨和驚恐時，芬蘭女人卻背叛她的名譽和國家。」

這種感情關係鮮少能步入婚姻。部分原因來自官僚的阻撓，還有一部分原因則是德軍突然全面從芬蘭撤軍。但有將近一千名兒童是芬蘭母親和德國父親的結晶，關於這些「高山靴的足印」（footprints of the Alpine boots）的故事在他們的父親離開芬蘭後，仍縈繞不去許多年。名叫伊爾莎（Ilse）和漢內洛蕾（Hannelore）的女孩，以及名叫佛里茲（Fritz）和恩斯特（Ernst）的男孩，被他們的德國父親拋下。這些被拋下的芬德混血兒大都平安長大，與滯留挪威父親是德國人的一萬二千名兒童形成鮮明的對比，納粹把他們的誕生視為是「優等種族」（Master Race）日耳曼人的恩惠——這些兒童後來被挪威汙名化為是與占領者勾結的象徵。

我們頂著八月的熾熱豔陽，在一處農田耙乾草。兩個休假中的德國士兵加入農田主人一家的行列中，協助農務。我在中間暫時抽空歇息一會兒，於是來到乾草堆的陰涼處喝著越橘汁，這時一位士兵朝我走過來坐在我的旁邊。我整個人變得僵硬起來，把頭轉向別處；他微笑看著我，看著我的辮子。我偷偷地斜眼看他，注意到了他眼中泛著淚水。他說了一些我聽不懂的話。他從自己的褲袋中找到了一張黑白照片，然後拿給我看。起皺泛黃的照片中有個女孩，她正看著我：一個像我一樣的女孩，留著兩條長長的辮子。

「這是我的女兒，」他說，「懂嗎？我的女兒。」他說著，還用手撫摸我的頭髮。

我環顧四周，沒有人注意到這裡。我因此判斷：這並無危險。但基於安全起見，我後來只跟葛特和貝特提及這件事，或許還有安紹溫勤．彭謝利。

一九四四年九月初，政府當局頒布了一道命令，要求拉普蘭全體居民十六萬八千人，以及他們豢養的五萬頭乳牛與其他家畜，從拉普蘭全面撤離。這道命令由馬內爾漢元帥親自頒布。他擔心芬蘭與德國會在拉普蘭全面開戰。在戰爭爆發前，拉普蘭的居民必須遷移到安全的地方。

一項斯堪地那維亞半島史上最大規模的公民撤離法案，快速起草後頒布實施。芬蘭拉普蘭省的部分居民南遷至博滕區，其餘五萬居民則越過邊境河川進到瑞典。瑞典官方同意接受突然湧現的十萬名芬蘭難民，瑞典之前已經收容了數千名芬蘭兒童、受傷的芬蘭士兵、從挪威和丹麥的納粹占領區來的難民、從中歐來的猶太難民，以及其他從波羅的海各國湧進的難民，這次的規模又更龐大。沒有人能肯定地說，這批新移入的難民何時可以返回故土——如果回得來的話。

這道撤離的命令，改變了一切。官員或是徒步或是騎著單車，少數官員則開著車子，走遍每個農場、村莊和城鎮，通知居民們：收拾必需的物品、準備一至兩天的食物，然後出發。大家開始談論著這突如其來的消息。甚至連我的朋友們都懷疑說：這怎麼可能？我們真的要離開我們的家和我們鍾愛的拉普蘭嗎？或許再也回不來了？農民們則一邊啜飲咖啡，一邊低聲咕噥說：誰會來接管這裡？是德國人嗎？還是俄國人？我們會面臨什麼樣的命運？

九月底，收容我們的農夫和他的妻子把他們的所有家具統統集中在他們的客廳裡，然後用船運抵河中一處島嶼，把它們藏在一間穀倉裡。難民絡繹不絕於途，我則找到了事情做，我坐在窗邊點數行經的乳牛，牠們瘦骨如柴的身軀吃力地走在泥濘的路上，牠們突出的骨頭在沾到泥巴的皮膚上明顯可見。努妮、珍珠和我聚集在我們的房間裡，寫信給爸比祝他生日快樂，他的生日是十月一日。我畫了一盆滿滿的藍莓，字跡工整地寫著：「祝您吃到藍莓。吻您。」我的姊姊則寫道：「爸比，四十六歲快樂。這裡一切都好，但快點讓我回家，我想要上學，你不會想要一個沒有上過學，不知道2加2是多少的女兒的，你會嗎？有必要的話，我願意騎著腳踏車回家！」

到目前為止，芬蘭和德國之間尚未出現任何開戰的跡象。在我們打包好行李等待著撤離命令的期間，入夜時，大人們仍然對目前的情勢保持著審慎樂觀的態度。或許，德軍會以和平的方式井然有序地分批撤離？或許，根本不會開戰？或許，芬蘭和德國之間將會爆發我的母親所期望的「假戰」，那麼我們就能返家了？

我們已經打包好行李，可以隨時出發。在拉普蘭的日常生活漸趨停擺。學校關閉了。當德國和芬蘭當局在思考他們的下一步期間，每個人就像西洋棋裡的兵，只能等待著。

不會有「假戰」了。儘管芬蘭與德國在羅瓦涅米就德軍分批撤離，展開了被列為最高機密的談判，但芬蘭軍事指揮部深知他們面臨了嚴峻的抉擇：要不接受蘇聯的要求與德國開戰，要不冒著與蘇聯公開衝突的危險，這可能會造成毀滅性的後果。九月二十日，蘇聯最重要的報紙《真理報》刊登了一篇警告波蘭的不祥報導：「主要的問題在於芬蘭必須立即執行同盟國所提出的和平條件。芬蘭政府本應開始繳械納粹的部隊，然後把他們當作戰犯交給蘇聯處置，如今已經過了一個星期，但截至目前為止，沒有一個在芬蘭的納粹士兵被繳械或是引渡至蘇聯。」

隨著九月的黑夜愈發深重，道路愈發泥濘，刺骨的寒風日夜不停呼嘯而來，芬蘭拉普蘭省的居民沿著蜿蜒的道路移動：難民帶著他們的牲畜步履維艱地往南部和西部行進，有部隊一路徒步護送，有一部分人在走了將近一千英里後來到挪威邊境止步。當芬蘭部隊護送居民往北推進時——在邊界另一側的蘇聯軍隊則虎視眈眈，伺機往西突襲駐紮芬蘭的德軍，奪取佩薩莫的鎳礦資源。

九月二十八日，我們依舊在田裡忙碌，邊等待出發的時間，就在此時，德國和芬蘭爆發了戰爭。我們甚至不知道開戰的消息。因為拉普蘭的廣播已經停止放送，德軍的廣播也不可靠，瑞典的廣播信號則出現嚴重的雜訊干擾。郵件也停止了寄送。

從一九四一年開始，德軍大舉湧入羅瓦涅米，為當地創造了第二次經濟繁榮。在羅瓦涅米，幾乎每兩個人中就有一個是德國人，因此德軍對當地的勞動力和專門技術需求甚殷。為了讓德國的部隊有地方可住，在當地打造一應俱全的軍營城鎮勢在必行。德軍興建了自己的軍醫院，還有一間德國軍官俱樂部，以及一家德國麵包店、書店和圖書館。他們鋪設新的道路，修葺舊有道路。因此德軍在在需要當地的勞動力來協助興建這些建設和其他設施，而且他們給付的工資非常優渥——有時候是芬蘭其他地方的二倍。儘管德軍的好杯中物把芬蘭的省會城市羅瓦涅米變成了一個犯罪城市，但對當地的老百姓而言，他們的經濟從未如此繁榮過。

如今，這一切都要結束了。

此時，拉普蘭首府的命運在未定之天。芬蘭人本來有機會包圍駐紮在羅瓦涅米的德國部隊，然後順蘇聯的意，把這批戰俘交給他們處置。川流不息的難民潮繼續朝目的地移動。但是，芬蘭軍隊的推進速度不夠快。就在他們逼近羅瓦涅米的時候，德軍發揮其典型的縝密行事作風，早已經開始為炸毀羅瓦涅米預做準備。

德軍早在十月七日的時候，就先從炸毀他們自己的倉庫和兵營開始，幾天後，便接著有系統地燒毀市區大多數的建築物。當拉普蘭的首府深陷於爆炸和火海中，而被燒成灰燼時，芬蘭部隊的軍官從羅瓦涅米周圍的山丘上，目睹了眼前令其怵目驚心的恐怖景象。整整五天，北極的夜晚猶如白晝一樣明亮。德軍在撤出之前，教堂成了他們放火燒毀的最後一批建築物。芬蘭部隊於一九四四年十月十六日抵達當地，眼前的拉普蘭首府滿目瘡痍，已經變成了一堆還在持續悶燒、而且滿布地雷的瓦礫堆，僅剩十多個建築物還沒有傾圮倒下。

十月三日，我們這些住在上托爾尼奧的居民仍然沒有收到撤離的通知，雖然每個人都知道危險已經迫在眉睫。德軍正朝我們快速逼近中。努妮決定自力救濟。「我要帶你們過河，」努妮在打包我們的最後一批行李時，她用平靜的語調向我們宣布這個消息，「我們要划船渡河到瑞典。」

收留我們的農夫把一艘大型木船推進河裡。我們全都上了船，我坐在芮卡旁邊。農夫和我的母親分別負責操作前後兩組划槳。當木船載著我們一行人和我們攜帶的沉重行李渡河的那半個小時裡，我回頭望著愈來愈遠的農舍。芮卡在哭泣，我被她嚇到了；我從未看過她哭。我的姊姊和表哥看起來一臉肅穆。沒有人說話。我很擔心那些被留在農舍的小動物。我相信努妮會帶我們到一個安全的地方，她總是有辦法做到。但那匹新生的小馬駒，還有乳牛和那匹名叫「爾基」的馬呢？

當努妮和農夫合力把船槳伸入汙穢的河水中，槳架咯吱作響。我轉過身來，看著前方。我可以認出在瑞典那一頭的岸邊有間穀倉，還有幾棟房屋。到目前為止，還看不出有任何跡象顯示這裡是巧克力和橘子之地，但當我們的木船靠岸時，我看到努妮和農夫彼此相視一笑，露出鬆了一口氣的笑容。

努妮和農夫一家人其實在冒著生命危險。我們沒有持護照或簽證就越過邊界進入瑞典，其實是非法入境——根據（納粹德國司令）倫杜利克的命令，非法越界者可以當場被格斃。但是，努妮仰賴拉萊的人脈協助我們入境，原來爸爸之前已經寫信請他在瑞典北部的一些朋友援助我們。現在還不是為入境文件擔心的時候。

在瑞典一側的岸邊有個名叫亞庫倫的村落。那裡湧進了和我們一樣的難民，都在尋找過夜的住所。努妮從一對友善的瑞典夫婦那裡租到了一個閣樓小房間，不過我們要和其他二十五個陌生人共用，我們的行李則寄放在一間穀倉裡。我們大部分的人都睡在地板上。

努妮用鉛筆寫了一封全小寫的短箋給爸爸，暗示他這段日子她過著什麼樣的生活。一來到瑞典，媽媽的牙齒就出現劇烈疼痛。由於實在疼到一刻都忍受不了，她只好把我們留在閣樓，自己騎著腳踏車到附近村莊一名鄉下牙醫那裡看牙。在看診前，她告訴醫生自己身上只有微薄的瑞典克朗，要求他不要做任何昂貴的治療。檢查過後，醫生給媽媽打了麻醉針，把她的蛀牙拔掉。當醫生告訴媽媽不收取任何費用時，她當場哭了出來。

在我們渡河來到瑞典的兩天後，當珍珠、芮卡和我在亞庫倫的閣樓房間等待的時候，媽媽開始來來回回地划船渡河回芬蘭。她解釋說，她無法棄農莊的乳牛於不顧；她一定要渡河回去替牠們擠奶，直到她安排了用渡船把牠們運到瑞典才停止。我還記得，我看著她划槳的身影隨著船槳聲漸微而漸遠。

幾天後，官方下達托爾尼奧河畔村民撤離的命令生效，我們當時人已經在亞庫倫，全員平安無事。但我們接下來要往哪裡去呢？

通往瑞典樂園的大門終於「啪」的一聲打開，我們搬進了爸爸一位瑞典同事阿克賽爾．艾格斯特朗叔叔在呂勒奧北部城鎮的公寓。由於我們是偷渡進來的，因此避開了瑞典官方檢查站的入境檢查，整個過程耗時又混亂，包含了一個必要的健康檢查，還有令人倍覺羞辱的除虱桑拿浴，和用蒸汽消毒衣物，成千被撤離的芬蘭人進入瑞典時只能忍氣吞聲地接受。但那也意味著，我們沒有他們所擁有的入境文件。換言之，在瑞典當局的眼中，我們是無國籍的人。阿克賽爾叔叔答應我們，他會想辦法看看能否幫我們取得簽證或是難民護照。為了能更容易取得居留文件，他和媽媽開始在散布於呂勒奧外圍的諸多芬蘭難民營中的一個，尋找媽媽可做的工作。我的姊姊自願盡她的一分力，替那些被安置在附近一所學校、正在接受治療的芬蘭受傷士兵寫信。阿克賽爾叔叔的身分有利於幫助我的母親：他主管一個名為「芬蘭家畜中心」的組織，他們的工作是安置和照料跟著芬蘭拉普蘭難民來到瑞典的數千頭乳牛、馬匹和其他牲畜。

我的母親在我們居住的城鎮的外圍找到了一份工作，主管一個小型難民營。她的流利芬蘭語和瑞典語成了她的真正資產，做為難民的代表，她的表現獲得了難民們和瑞典官員雙方的讚許。因此，她在接下來的幾個月時間裡，都住在一個家具稀少的小房間裡，這裡靠近安置難民的教堂。只要得空，她就會想辦法回來看我們。由於難民營裡有不同的傳染病在傳播，我們無法去探望媽媽。

「來到瑞典的日子彷彿燈被打開了一樣，」努妮在寫給拉萊的信上寫道，「我們終於知道在拉普蘭的漆黑袋子後面的世界，發生了什麼事。」

世界進入到了第二次世界大戰的最後災難性階段，我們現在可以透過報紙和廣播追蹤事件的發展。一九四四年十二月至一九四五年一月，我們從報紙得知了發生於亞爾丁（位在比利時、盧森堡和德國交界的地區）地區的大規模突出部之役，英美兩國的聯合部隊與納粹軍隊在此展開了二戰以來最血腥的戰役。

我把我在艾格斯特朗家餐桌上的繪畫課，變成了生產一份不定期出刊的四頁報紙，我把它取名為《史蒂娜的世界新聞》。我有五個訂戶（我的家人和艾格斯特朗家），這份刊物聚焦於國際局勢。由於我大部分的時間都是獨自一人，我的那些想像中的玩伴又回來了。登在《世界新聞》的報導大都以葛特、貝特或安紹溫勤・彭謝利的名字來署名。

我們在呂勒奧享受著豐盛的食物、溫水和有暖氣的公寓。芮卡和我與這家人一起睡在樓下，珍珠到了夜晚就在艾格斯特朗家的客廳鋪好自己的睡床。但艾格斯特朗家一開始對我們的溫情接待，正在消退中。儘管我們努力要保持禮貌和低調，但掌管家中大權的阿克賽爾叔叔的嫂嫂海爾嘉（因為艾格斯特朗太太出門到其他城鎮工作）對我們的態度，讓我們清楚感受到我們妨礙了他們的生活。「瑞典很快就會被這些難民搞垮搞窮。」她咕噥說著。因為她掌管餐桌，我們注意到她會查看我們放進盤中的食物分量。儘管阿克賽爾叔叔對我們的溫暖親切一如既往，但他的全副心力還是聚焦在如何妥善照料芬蘭的乳牛和馬匹，這項艱鉅任務之上。珍珠把她的時間花在褓姆工作上，以及協助住院中的士兵寫信。芮卡則在其他人家那兒找到了工作，放任我自行其事。多數時候，我自己一個人在餐桌上畫畫和寫東西，來打發白天的時間。我不想到外面去，因為我唯一的一雙襪子已經穿破了。

但有一天，阿克賽爾叔叔要求我的姊姊幫他一個忙。瑞典王儲古斯塔夫．阿道夫——未來的瑞典國王古斯塔夫六世．阿道夫——和皇太子妃露易絲，即將到訪瑞典北部參觀芬蘭的難民營。他們也表達了興趣，想要參觀一些轉作飼養難民牛隻的部隊營舍。那正是阿克賽爾叔叔主管的事務，他現在需要一名翻譯。我的姊姊是最適合的人選：能說瑞典語和芬蘭語，長得又體面。不用說，她欣然接受這項邀約，幾天後，經過了許多回合的禮儀練習後——太低了嗎，不夠低嗎？——阿克賽爾叔叔和珍珠出發前往王室成員下榻的地點，會見王儲夫婦。

「天啊！」她回來後就只會說這麼一句。「天啊！」這句話其來有自，原來是皇太子妃在參觀一間狹窄的臨時牛棚時，有一頭乳牛翹起尾巴拉屎，把一坨牛屎噴濺到毫無防備的皇太子妃的皮大衣上。

「幸好，」姊姊說，「皮大衣的顏色和牛糞顏色一樣。但我差點就要死了。你應該看一看那些隨扈用他們的白手帕，努力把牛糞擦乾淨的樣子。」

我隔天花了很長的時間，設法畫一張牛糞噴到皇太子妃的圖畫。海爾嘉阿姨經過的時候，問我在畫什麼。

「一頭乳牛把大便噴到皇太子妃身上。」

海爾嘉阿姨是堅定的王室支持者，聽到我這麼說，顯然不是很高興。

到了十一月初，我們在艾格斯特朗家的處境變得嚴峻。「我對海爾嘉的認識愈深，就愈不喜歡她，」媽媽在信上向拉萊坦承，「她是如此冷酷和『道貌岸然』——她的優點就是膚淺。我的靈魂看到她不禁都顫抖起來。」有一天，海爾嘉不准我在餐桌上畫畫，壓垮我母親的最後一根稻草，是芮卡向她坦承珍珠和我有時候一整天都處於挨餓中。努妮安排珍珠搬到另一個家庭寄住，表面上的理由是這戶人家和珍珠同齡的女兒，需要有人做伴，珍珠獲得允許和她女兒一起上學。芮卡剛好也結束了她在一戶瑞典家庭的工作。努妮知道這家人占芮卡的便宜，他們用無止境的派對和洗不完的餐盤來壓榨她，卻只付給她微薄的工資。她為我們兩人找到了一戶人家，伯格斯特龍一家人對我們非常友善。

十一月的一個早上，芮卡送我到呂勒奧小學的門口。「記住了，是二年級，在和老師握手、告訴她你的名字的時候，一定要保持禮貌。」她在離開前，諄諄叮嚀我。我帶著既困惑又害羞的心情，進到一棟四層樓高的紅磚建築物。這裡與上托爾尼奧只有一間教室的學校，多麼不同啊！我從未看過在一個地方裡有這麼多的孩童。

我待在二年級的時間很短。有一天，老師決定為我做閱讀測驗，她要我走到教室前面。接著，她給了我一本書（已經翻開到特定的課文），說：「唸出來。」字母在書頁上群起亂舞。我看到約瑟夫和瑪麗，但他們拒絕在一句句子中安靜地坐著。班上陷入一陣靜寂，還有一些咯咯的笑聲，然後老師要我坐下。下課後，她把我叫去，告訴我說：「我想，你最好從一年級開始讀起。」

我們要與艾格斯特朗一家共度聖誕節，他們全力幫助我們在離家的狀況下，仍能度過一個真正的聖誕節。我們用蠟燭和閃閃發亮的裝飾品妝點聖誕樹。食物非常豐盛：有一份大隻的烤火腿、醃鯡魚和甜菜沙拉。香料熱紅酒的酒香和薑餅的餅香，在屋內飄香。但是，我很想念拉萊。對努妮來說，他的缺席以及她對芬蘭局勢的擔憂，幾乎快把她壓垮，但她從來不讓我們知道她的心情。

聖誕假期過後，我回到學校，我在走廊上遇到三個同學。

「你收到了什麼聖誕禮物？」他們問道。

「法蘭絨睡衣。」我驕傲地說著。嚴格來說，我說的是實話，但讓我難過的是，那件睡衣不見了，可能連同包裝紙一起被丟掉了。

我的同學反應平淡。「我收到了一部腳踏車，」一個同學說，「紅色的。是爹地給我的。你爹地呢？」

我開始討厭起這個轉移話題的談話。我決定先發制人。

「我不需要腳踏車。我的爹地是拉普蘭的國王，我們住的地方有一千頭馴鹿，而且我們去哪裡都是坐馴鹿雪橇，被馴鹿拉著走。」

「你是拉普蘭國王的女兒？」他們緩緩地問道。

「對，而且我的爹地最近在為聖誕節忙碌著。他把我們的馴鹿借給聖誕老人和他的小精靈們。」

「我不相信你。說謊是有罪的。」

「我沒有說謊。我明天會給你看一張照片。」

隔天，我帶了一張我穿著拉普蘭民族服裝的照片上學，那是媽媽在上托爾尼奥拍下的。

「在這裡，」我說，「不像你們的國王，我們在拉普蘭是不戴王冠的，只戴跟照片上所看到的類似帽子。只有在王室的場合是例外，我們這時候是戴黑色貝雷帽。」

「王室場合？」

我拿出一份剪報。剪報上，我的姊姊站在當時正在參訪一處芬蘭難民營的瑞典王儲和皇太子妃的旁邊，而她戴著一頂貝雷帽。

「這是我的姊姊，她是拉普蘭國王的另一個女兒。」

當下，突然陷入長長的沉默。

「你想要一條巧克力嗎？」其中一個女生問道。

七歲的史蒂娜·卡查杜里安穿著傳統拉普蘭民族服裝，1944。

我在學校的處境從此改善了許多。

一九四五年四月十二日，廣播報導了小羅斯福總統過世，我的《史蒂娜世界新聞》趕緊出了一份特刊，增加了杜魯門遞補小羅斯福總統的遺缺，繼任美國總統的新聞。四月二十五日，最後一批德國部隊離開芬蘭國境。

努妮開始打包拉萊寄來給我們的所有東西：我們的

溜冰鞋、滑雪板和滑雪杖，還有腳踏車。她把以下東西全都裝進木箱裡：我們的衣服、書本和日記、鍋碗瓢盆、我的洋娃娃和填充狗玩偶。我們如此匆促離開是有不得已的理由：因為通往芬蘭的橋梁已經遭到損毀，我們必須趁覆蓋國界河川的冰雪還夠堅硬的時候，驅車渡河回到芬蘭。

下課後，我告訴了老師這個消息，她是一位非常和善的女士。她似乎為我要離開而發自真心地難過，她說全班會到火車站為我送行，要目送我離開。

「可是，我們一早就要離開，」我完全不作他想說道，「好在天黑之前可以抵達芬蘭。」努妮之前已經把整件事都跟我們解釋了，箇中原因在我聽來太容易理解了。

「無論如何，我們一定會出現在火車站。」老師說。

在那個早上，當我們攜帶我們所有的行李抵達火車站時，天還沒有亮，全班同學已經聚集在月台上。老師要求大家安靜片刻，接著說：

「我們想要來這裡，祝福你和你的家人返鄉的旅程一路平安。我們要為你獻唱一首歌，但我們要先送給你這個禮物，做為你在瑞典這段時日在這裡生活的紀念。」

她交給我一個小絲絨盒。裡面是一條精美的銀質心形項鍊，上面刻有一段文字：「史蒂娜，呂勒奧，四月二十一日，一九四五年」。

這是我擁有的第一件珠寶。

「來，小朋友們，」我的老師說道，然後舉起她的雙臂，「我們來唱一首歌獻給史蒂娜和她的家人。」火車頭噴出白色蒸汽雲至冷冽的清晨空氣中，預告著即將開動，我的這一小群同學此時把臉轉向我，唱出了我最喜歡的一首聖歌……

就在同學們唱著聖歌的最後一小節，而我在思索著什麼樣的屈膝禮適合拉普蘭國王女兒的身分時，我注意到了月台上還有另外一個女孩，她就站在媽媽的旁邊。

我們在跟我的老師、同學和阿克賽爾叔叔道再見後，媽媽告訴我：「這是烏拉·艾瑪伍斯，她要跟我們一起回赫爾辛基。」然後，火車鳴笛，我們步上火車，我看著穿著笨重大衣、站在月台上的同學們的身影，愈來愈小。

我之前從未見過烏拉，但她和我同齡，在這趟返回赫爾辛基的長途旅程中，我倆坐在一起，我們感覺到彼此之間存在著一種無法言喻的連結。

人潮在半毀的火車站裡四處亂轉，月台上，拉普蘭國王本人出現在人群中，朝著我們微笑。他遵守了他的承諾。他沒有化成冰冷的屍體用棺木從戰場被運回家。他守護了我們在赫爾辛基的公寓。他使俄國人遠離了我們，現在，他將阻止他們入侵我們的國家。他一路保護我們免受戰爭的各種迫害。因此，在他給了我和姊姊一個緊緊的擁抱後，當他把媽媽擁抱入懷時，我不解的是：媽媽為什麼會在他懷中哭泣？

第六章　流亡海外

從捷克斯洛伐克逃離至英國

蘇珊．葛羅格．貝爾直到十二歲前，都住在捷克北方一個省分的首府特羅寶市（德語，捷克語為奧帕瓦市），這裡鄰近北方邊界。他們家就和該市大多數的居民一樣，都說德語，然而其餘市民中有許多和近郊的鄉村地區農民一樣，都說捷克語。她的家境富裕，身為獨生女，她過著養尊處優的生活。

她的父母親雖然都是猶太人，但改信基督教，蘇珊就在一個路德派教會中受洗。然而，當希特勒的部隊在一九三八年占領捷克，他們的猶太人身分使他們一家人成了納粹迫害下的犧牲品。蘇珊和母親一起逃往英國，留下父親在捷克，期盼著不久後能在英國和妻女團聚。不幸的是，他後來死於集中營。

在英國，蘇珊的母親從事女傭工作——這是難民在英國唯一合法的工作。蘇珊很幸運獲准免費進入一所女子寄宿學校就讀。她永遠都不會忘記英國恩人們的仁慈，並且以英國人最良善的美德回報他們：誠實、正直、含蓄和忠誠——所有這些品格充分展現在她的傳記《世界之間》中，我從中摘錄了一部分內容如下。

這些年來，我一直在思索我難以精確地回憶起童年生活的原由，我甚至連十一二歲前的生活都無法照著年代順序正確排列。一個最合理的解釋似乎是源於那場發生至今，我仍無法克服的巨大衝擊——我在進入青春期的前夕，突然在一夕之間失去了我安居的家，以及合力打造了這個家庭的許多人——把在那段時期發生的這些事件推入了再也無法回復的朦朧鄉愁中。

我和爸爸以前習慣坐在露台畫室前面外推陽台的小桌子旁，他喝著他的早餐咖啡，我喝著我的巧克力飲品，媽媽則在床上吃著她的早餐。當爸爸稍後出門前往他在華格納大街的法律事務所時，媽媽則與我們家的廚子商量接下來兩天的菜色。

我們現在居住的公寓的實際屋主是索貝克－斯卡爾男爵，他是曾廣布在國土規模更大的前奧匈帝國境內、無數窮困潦倒的小貴族家族中的成員之一。男爵積欠我的律師父親龐大的法律服務費用，便透過類似以物易物的方式來抵債，我們因此得以免費住在索貝克－斯卡爾男爵位在城中的巴洛克風寬敞公寓裡，兩層樓的公寓主要供我們使用。

一九三八年十月的一個早上，當我上氣不接下氣地進到教室時，我被告知馬上去校長室。我想不出我惹了什麼麻煩，但我還是立刻跑上寬大的樓梯來到樓上的校長室，我看見兩個比我年長的學生，也在校長室門口焦急地等候著。我們被招呼進校長室後，就坐在他那張氣派的辦公桌前。我坐在那兒感到一片茫然，眼前的男人有一張通紅的大臉，他無法直視我們的眼睛，中間經過了好幾次的停頓和清喉嚨後，他才吞吞吐吐地告訴我們三個人在獲得通知之前，不要再回到學校上課。另外兩個人似乎知道這是怎麼一回事。我卻毫無頭緒，但我實在是太膽小了，不敢問校長或另外兩個學生任何問題。

我回到教室，把書包和書本收拾好後，走下教室大樓正前方的樓梯。學校正在做行軍操演，學生照例沿著步道繞圈行軍，當我和另外那兩個先前一起待在校長室的學生，穿過正在繞圈行軍的隊伍時，一個語帶威脅的低聲抱怨突然變成了一陣長長的嚎叫聲。我害怕得趕緊拔腿就跑，我很快就發現有兩個大塊頭的高年級男生在我後面追著我跑。他們朝我大吼說出了一些我不了解的事情，然後似乎失去了興趣，又回到隊伍中。幾個指導老師群集在圓圈中央，卻沒有任何行動。

我流著淚回到家，我的父母親最後不得不向我解釋清楚，究竟發生了什麼事。納粹已經接管了蘇台德地區，猶太人在這個新的國家裡不受歡迎。雖然我們在宗教上不隸屬於猶太人，但我的祖父母和外祖父母四個人都是猶太教徒，根據希特勒的法令，我們仍然屬於猶太族群的一份子。我們必須想辦法離開這個國家，也許是前往美國或英國，因此我要很快學會說英文。我對「不受歡迎」這個字眼感到困惑。那究竟是什麼意思？是誰真的認為我不受歡迎？如果我的同學們認為我不受歡迎，他們為什麼總是很高興和我在一起？那不合理。

這次的事件的確是我在兒少時期，所經歷到最令我感到焦慮不安的危急時刻，但在父母平心靜氣地跟我解釋過後，我的難過和心中對未來的惶恐不安也隨之煙消雲散。更重要的是，他們知道我有多麼喜歡上學，於是很快為我安排了一個引人入勝的課程。

我隔天就開始我的英語課。這意味我要去我的英語會話老師伊爾莎「阿姨」的家中上課，她住在城中的另一頭，要比我們家到學校的距離再遠三倍左右。我必須穿過位在文理中學相反方向的鎮上公園去上課。第一天，我們家的女傭瑪莎陪著我到伊爾莎阿姨家，不過，下課後，我自己一個人走回家。我沒有告訴我的父母親學校高年級男生的惡劣行徑，他們似乎認為接下來的三個月讓我自己一個人獨自穿過公園到伊爾莎阿姨家，應該會平安無事，我想不出有任何理由要讓他們為我擔心。

直到媽媽和我離開捷克前往英國之前，我們有整整三個月的時間，仰賴一些餐廳的老闆供應膳食，因為他們積欠爸爸法律服務費用。旅館和餐館已經成為我父親生活裡不可或缺的一部分。有幾家餐館總是把某個特定的角落位子保留給我的父親，他固定會光顧這些餐館，並在這些餐桌上享用店家的本周特餐。跟著爸媽到這些餐館用餐，是我兒時生活中受到的最棒款待之一，只和爸爸單獨去用餐，甚至會令我更加開心。現在，瑪莎每一天都會去其中一家餐館，用烤箱的金屬容器帶回立即可食的現成食物，層層堆疊的容器看起來像是某種圓塔。

瑪莎是我和外面世界之間的保護者。她不僅止於幫忙打理日常家務，她還繼續到「官方當局」辦事、拿取我們的食物、出門採買，以及打發那些來到家門口的不受歡迎訪客。她出於仁慈和一種不自覺的善意做這些事情，她總是記得要帶上我的小狗史楚波出門，讓牠有機會可以到戶外活動。不過她的最英勇行徑，是連續好幾個月固定在每個早上執行她的「聖誕節任務」，天剛破曉的時候，她就帶著一個水桶和硬毛刷下樓。然後，在來往行人的眾目睽睽之下，不顧自身安危，把那些在我們家大門上寫下「猶太豬」這類塗鴉擦拭乾淨，我們在門後猶如被監禁的囚犯。

某個十二月晚上，瑪莎在凌晨三點起床應門，六個納粹親衛隊的人馬進到我們家裡大肆搜索。爸媽和我被他們叫來、穿著睡衣站在一旁看著，他們到處在我們家裡翻箱倒櫃。他們在我們家走廊上的古董櫃裡發現了祖父的希伯來文祈禱書、安息日燭台和猶太教九燈燭台，立刻把它們綑好帶走，並告知我們立刻跟他們走。我們飽受驚嚇呆立在原地時，他們聚集在一處角落討論事情。其中一個親衛隊成員是我父母親的密友寶拉．海因茨的兒子，他還是個小男孩的時候就與我們家熟識。他們在角落商討過後，由一位長官宣布，他們改變心意了，我們可以繼續待在家裡，但必須在三月一日離開捷克。和所有其他難民一樣，我們將會獲准攜帶一些個人物品，以及約當一美元的現金出境。我已經不記得那個晚上我們是如何回到床上的，也或許我們根本沒有再回到床上？

按照目前的情勢發展，我們赴英居留的準備事宜，不得不全力加速進行。我的父母親透過他們在維也納的友人，安排了媽媽和我將會以英國一對夫妻——麥克林夫婦——的客人之名義，進入英國；當時這對夫妻倆甚至還在奧地利一處溫泉過冬。這項安排使我們有機會可以持停留簽證進入英國，這是至今唯一仍然有效的簽證形式。

我們熟識的女裁縫師施密特小姐，花了幾天時間和我們在一起，她為我縫製了一些我現在穿還太大，但「等我長大些就能穿」的洋裝。其中一件用白色和海軍藍相間的小格子花紋布料製作而成的白色衣領洋裝，我將會在兩年後穿著它出現在一張相片裡，背景是我當時就讀的英國學校。從照片上可以明顯看出，這件衣服穿在我身上已經變得太小，我的胸部已經緊繃到極限。媽媽在把精挑細選過的物品仔細地裝進一個大行李箱時，我堅持要把我最喜歡的童書放進去，它們會占據很大的空間。

瑪莎願意在我們離開後，留下來照顧爸爸。她也答應在爸爸離開捷克前往英國與我們會合後，會照顧我的小狗史楚波，和我的金絲雀百事。

我們啟程的日期預定在一月底。我們將搭乘午夜快車前往維也納，而在那裡與接待我們的英國主人碰面，以及取得英國領事館核發的簽證。爸爸和史楚波陪著媽媽和我穿過冰雪覆蓋的街道，來到火車站。我雖然感到緊張不安，但想到前方即將展開的冒險之旅，情緒不禁為之振奮。我的父母親則保持沉默不語。火車在午夜前十分鐘駛進車站。我們帶著手提行李坐進我們的包廂，媽媽把她的珠寶藏在我們的內衣裡。我興奮地朝爸爸揮手，他用一條短皮帶牽著史楚波站在月台上。我從此再也沒有見到我的父親。

我們在維也納的那個星期，處境並不安全。我們把爸爸留在故鄉，期待他在過一段時日後，能夠跟上我們的腳步。同時，媽媽和我本該以英國人麥克林夫婦的客人的身分，一路被護送至英國，但麥克林夫婦當時人正在維也納附近的山上接受治療。我們在英國領事館的接待室枯等了好幾個小時，最後終於獲得英國領事的接見，出現在我們眼前的是一個身材高挑、沒有笑容的男人，他最終勉強同意簽署必要的入境文件給我們。

我們住在男爵夫人伊娜在維也納的公寓（拜索貝克–斯卡爾男爵夫人的安排所賜）的那段時日，留給我的是既困惑又虛幻的記憶。我們睡在一間裝潢布置幾乎是對那位充滿魅力的已故皇后展現出如宗教般的崇拜、而裝飾以浪漫符號的房間裡，她在一八九六年遭到一個激進的無政府主義者所暗殺。在外面，我們看到納粹士兵強迫穿著體面的猶太婦女清掃街道。而英國領事那張雙唇緊閉、令人捉摸不透的臉，則夾雜在這些景象之間，他使我們置身於懸而未決的處境中。

我的母親當時三十八歲，在我們抵達英國後兩個星期，她開始為住在林德菲爾德的達頓－菲爾牧師家工作，成為他們家的女傭。在薩塞克斯郡這個如詩如畫的村莊裡，有一條長長的蜿蜒街道，它從一個養鴨池塘緩緩爬升到一間有高聳尖塔的教堂。

媽媽和我住在傭人房，裡面有個煤氣暖爐，發出的劈啪爆裂聲和嘶嘶聲，聽得令人心驚。我們老家使用的是氣派的瓷磚壁爐，為家中的房間增色不少，儘管煤氣暖爐更容易生火，卻無法供給我們舒適的暖氣或是美化房間。媽媽說既然她現在是女傭了，她很高興自己可以不用再清掃爐柵，也不用運煤了，但令我吃驚的是，除非蜷縮在距離這個笨重的煤氣裝置二三英尺的距離內，靠近它所發出的粉藍色火焰取暖，否則很難讓人感覺到它散發的熱氣。在二月每個寒冷漆黑的早晨，我和媽媽會穿好衣服靠近煤氣暖爐取暖，好讓冰冷的衣服變得暖和。

達頓－菲爾牧師是個高個子，個性開朗，聲音宏亮，舉止溫暖。他的家庭成員包含了他優雅、嬌小的金髮妻子，她一定常常洗手，因為她身上總是散發著皮爾斯香皂的味道，還有他們二歲大的女兒，她的褓姆蔡琪很快就與我的母親成了好朋友，她總是給予媽媽支持。達頓－菲爾太太有個小起居室，地板鋪上我從未看過的上等訂製地毯。地毯和軟墊家具選用的顏色是韋奇伍德瓷器綠。他們家中所有重要的決策都是在這裡決定和公布的。我就是在這裡被告知，他們要送我進聖克萊兒讀書，學校位在鄰近的海沃茲希思，我一開始先每日通學，等過一段時間後，也許可以成為住宿生。

我們抵達林德菲爾德後的第一個星期六早上，牧師開車載著媽媽和我去海沃茲希思，跟聖克萊兒女子學校的校長史蒂芬女士聊一聊。史蒂芬女士多數時候都是在跟我談話，她問了許多關於我在家裡的生活，以及我之前在學校做了哪些事情等等這類問題。我其實正在接受入學審查，只不過是以一種隱晦的方式在進行，因此我根本不知道我是否通過了考試。我那時候並未意識到我得以在那所學校接受教育，其實全拜史蒂芬女士之賜，因為聖克萊兒是她的私人事業，其他學生都要繳學費才能入學。

「你想要什麼時候入學？」史蒂芬女士問我。

史蒂芬女士絕不是那種有名無實的校長。她是學校的中流砥柱，主導校務發展。她帶領整個學校。她挑選教師和家政職員。她面談家長和學生、監督學校家政的安排和膳食，也監督花園和園丁。她自己就包辦了高中部許多堂課。她親吻住宿生道晚安，關心她們的身心健康。

我在聖克萊兒的第一個學期結束後，史蒂芬女士考慮到我的母親繼續在不同的英國家庭之間轉換做女傭，評估住校對我會比較好，因此決定讓我成為住宿生。

在成為聖克萊兒學校的學生後，發生在我身上的頭幾件事情當中，有一件是學校為我找到了一套合身的校服。校服的下半身是一件海軍藍的嗶嘰布料裹裙，方便我們可以更自在地奔跑，上半身則是一件在脖子處有兩顆白色珍珠鈕扣的細領番茄紅針織衫。史蒂芬女士找了一些學生的母親徵詢她們的意願，因為她們的女兒願意把穿不下的裙子和針織衫給我。後來，學校通知我找到了一套適合我的校服，我會很驕傲穿著它上學。我以前從未穿過校服，所以感到非常興奮。我有很長一段時間都沒有意識到，其他學生必須花錢買校服穿。隨著時間過去，校服也幫了我很大的忙，因為穿著校服隱藏了這個事實——我的私服很快就穿不下了，也變得破舊，而我們母女倆沒有錢買新的。

我有時候會受邀去某個通勤生的家中飲茶或是晚餐。有一次，我和朋友喬伊絲

蘇珊·貝爾（右二）、老師威爾特小姐及同學，攝於1941。

在市區的另一頭喝茶時，屋子突然一陣天搖地動，然後我們聽到了砰的一聲巨響。電話幾乎是緊接著響起，喬伊絲的媽媽說，史蒂芬女士要我回去。我匆匆被帶回學校後，我看到了史蒂芬女士頭包著繃帶、抱著她的小狗羅賓站在校門口等我回來。我驚慌地跑向她，她則不發一語帶著我進到她的書房（兼餐廳），她經常在這裡喝茶，羅賓則躺在牠的籃子裡陪伴著她。房間的窗戶遭到嚴重損壞，留下滿地的碎玻璃，房間裡和外面的花園到處都是玻璃碎渣。原來，有一架德國轟炸機被高射砲擊落，連同機上尚未投擲的炸彈在薩塞克斯郡的鄉間爆炸。所幸，史蒂芬女士和我都在這場意外中平安無事，也沒有留下太多心理創傷。但可憐的小羅賓就不同了，牠飽受驚嚇，終其一生都害怕聽到巨大聲響。

這聽起來似乎有些奇怪，但這樁特別的炸彈意外事件，是我在整個二戰期間所親身經歷過最接近空襲的一次。部分是出於幸運，部分是出於我的母親和她的朋友們的遠見保護了我，我在英格蘭和威爾斯搬了幾次家，總是能避開發生在不列顛群島其他地區的空襲厄運。

學校其他兒童接納了我加入他們，他們沒有任何緊張不安或大驚小怪，但懷有一定程度的好奇心。我很快就覺得自己在這裡如魚得水。我在學校居於中段年紀；年幼的學生——如果他們對我有任何想法的話——會對出現在他們當中的陌生人心存畏懼；年長的學生則把我當作可愛的寵物般來對待；我自己的同儕團體很快就對我一視同仁。至少，我是這麼認為的。我不知道背後的運作真相是如何，或許，學校曾給全校學生上課，教導他們如何與難民相處。果真如此，我永遠不會知道。偶爾，會有人問我，我為什麼是難民。當我試圖跟對方解釋希特勒以及我的四個祖父母和外祖父母時，他們會說：「但你一點都不像猶太人。」我不知道他們這麼說是什麼意思，但那並不會讓我感到不安，更何況我當時並不明白一個人怎麼可以毫不避諱地表明個人的宗教信仰。很久、很久以後，我才恍然大悟，這些孩童所說的猶太人是什麼意思，那是基於他們對住在倫敦東區*的可憐猶太人，或是出現在莎士比亞戲劇《威尼斯商人》中放高利貸的猶太人夏洛克的印象。

有一件事很快就變得明顯可見，除了英文和英國文學，我的課業表現稍微領先其他同齡學生，這彌補了我未能駕輕就熟地運用她們的語言上的先天不足。同時，

---

*譯注：倫敦東區（East End of London），當地簡稱東區（East End），是英國倫敦一個非正式認定的區域，位於中世紀倫敦市的東部、泰晤士河以北。此用語源起於十九世紀末，帶有貶意，意指倫敦東部聚集了大量貧民與外來移民，而使人口激增、導致生活環境極度擁擠，且為失業問題困擾。

我的錯誤發音和拙劣的散文風格，以及異常古怪的英文拼字，減損了我的各種聰明表現。不過，設法讓自己勝人一籌不是我當時的重心。

一九四二年夏天，我的一個同學席拉和我在學業上的表現，聖克萊兒的教育已經不能滿足我們。我們參加了牛津大學的學業檢定考，史蒂芬女士在考堂外面焦急地來回踱步，擔心我倆能力不足。她認為我很難通過考試，特別是歷史和英文。事實是，我們兩人考得相當好。席拉聲稱我一定是個「積極正向的天才」，因為我努力設法超越史蒂芬女士對我的期望。席拉本身繼續鑽研數學，而我打算深造人文學科，我離開聖克萊兒進入第六學級的克羅伊登中學，我在這裡可以專心準備大學入學考試。

一九四二年對我而言是個分水嶺。那年發生了三件對我至關重要的大事：我通過了學業檢定考，這意味我必須離開聖克萊兒和史蒂芬女士，我在這裡度過了如魚得水的校園生活；英國政府撤銷了對像我母親一樣的外國人只能從事傭人的禁令；以及，由於我們沒有通訊工具，我們在英國不知道納粹把在布拉格的所有猶太人全都送入了集中營，我的父親也是其中之一。但是，我當時只知道自從我們來到英國後，就沒有再收到爸爸寫給我的關懷信件（我把它們保存好帶在身邊）。

此外，在我計畫著要從海沃茲希思搬到克羅伊登中學的同時，我的母親獲准可以找不限傭人的工作。這是因為有數百萬計的英國白領職員自願參軍或被徵召服役，他們所遺留下來的本國國民職缺迫使英國政府當局，准許「友善的」外國人來遞補。我的母親早年甫從學校畢業，她一個年紀輕輕的女孩便擔任自己父親的律師助理，現在，她在考慮要重操舊業。媽媽在海沃茲希思的雇主，高達太太，邀請她的親戚萊斯利和瑪麗・昆恩夫婦來她家避難。萊斯利叔叔，我很快就開始如此稱呼高達太太的堂兄弟，他在倫敦是個事業有成的大律師。萊斯利叔叔透過他在法律界的人脈，協助我的母親在倫敦主教門、一家聲譽卓著的律師事務所裡，找到了工作。

沒有多久，我也去了克羅伊登與亞當斯女士——克羅伊登中學的校長面談。這所學校包含了一個陰森、令人望而生畏的十九世紀紅磚建築群。亞當斯女士個頭嬌小、體態豐腴，做事俐落有效率，而且遠比我已經視為家人的史蒂芬女士更令人生畏。不過，她是個好人，似乎能體會我置身在新環境裡會感到陌生不安。她也很關

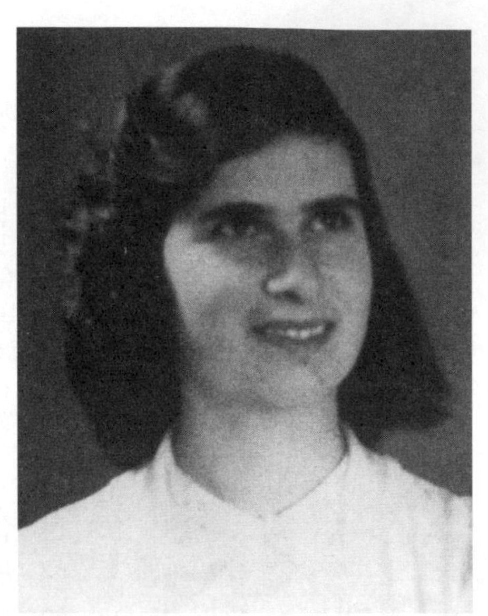

蘇珊·葛羅格·貝爾16歲，攝於英格蘭，1942。

心我的住宿安排。媽媽在新工作上安定下來後，昆恩夫婦撥出家裡的一個房間給她住，但他們沒有額外的空間可以供我寄住，或者說容不下一個十多歲的青少女將會帶給這個家庭的複雜情況。亞當斯女士告訴我，克羅伊登有個家庭——媽媽和三個女兒都是該校的「老校友」——許多年來都收留該校逃離納粹迫害的難民學生。這個家庭很希望再收留一個學生，他們很想見見我。

於是，我和一個很棒的家

庭，克雷格家開始了一段持久不輟的關係，他們的慈悲心腸和獨樹一幟的冷幽默帶給人源源不絕的驚奇和鼓舞。克里斯和伊莉絲這對父母親擁有一棟被稱為「威克瑟姆」的三層樓獨棟大宅，離我母親寄住在南克羅伊登的昆恩家不遠。他們現在和兩個年紀最小的養子女，還有一群形形色色的寄宿生住在一起。他們的四個婚生子女都已長大成人，忙著在職場世界裡打拚。但克里斯和伊莉絲仍嫌四個孩子不夠多，很快又領養了其他孩子，或者像我的案例一樣，把他們當作寄養兒童來收留。我馬上就知道，只要我住進克里斯和伊莉絲的家，我會很樂於跟他們一起生活。

在戰時，尤其是對像威克瑟姆這種會有冷風吹襲的大房子，如何保持室內的溫暖，就成了最棘手的問題之一。即使我們有足夠的煤炭和焦煤保持客廳的炭火不滅，克里斯和伊莉絲家中的走廊、臥室和浴室依舊冷得讓人難受。克里斯和我們其他人一樣討厭沒有暖氣的走廊和廁所，那裡被強勁的冰冷刺骨寒風所籠罩。有時候，我們這些孩子會串通好，要在克里斯以為四下無人的時候，偷看他在洗滌槽撒尿。我們這些女孩咯咯笑著談論他的這種本領，儘管我們崇拜他，但他也惹惱了我們，因為他挾著成人和男人的身分，可以享有這種不公平的優勢。

一九四三年夏天，我收到了一封在倫敦的捷克流亡政府的教育部寄來的信函，和前幾次一樣，這封信敦促我應該參加政府資助的免費寄宿學校，這所學校是為了預備像我一樣的年輕捷克難民在戰爭結束後，返回故土。他們迫切需要我們協助重建我們的國家，在納粹的統治下捷克的國高中教育這幾年來幾近停擺。突然間，就立即可見的未來而言，這道路似乎成了我的唯一明智選擇。當捷克學校聽起來不僅像是一個令人興奮的場所，還提供機會讓我們在戰爭勝利後，懷抱著淑世濟民的理想，努力為這個世界創造一個更美好的未來時，我覺得我已經跨入到生命中的某個階段。再者，我那時以為自己的未來就在捷克斯洛伐克，因此除了我在英國學校所學習到的相關知識外，我還必須對這個國家有更多的認識。

儘管我喜歡住在克里斯和伊莉絲的家裡，但我在克羅伊登中學過得並不開心。我在聖克萊兒那種親密的氛圍裡雖然課業表現優異，但在克羅伊登中學，我覺得力有未逮。克羅伊登是一所規模龐大的學校，我班上的同學就多到似乎要把人淹沒。我討厭上體育課，尤其是必修的曲棍球，總是讓我帶著滿是瘀青和傷痕的腳踝回家。我甚至連舞會都不喜歡，一些跟我同類型的女孩曾邀請我參加。

於是，我去找媽媽跟她商量這件事情：我可能會接受捷克政府的提議。她提出了她在幾方面的顧慮。媽媽不確定我置身在全是難民的孩子當中，是否會感到自在，因為自從我來到英國後，我從未跟其他難民有任何來往。此外，媽媽即將搬進克里斯和伊莉絲的家裡，寄住在他們家，這是我們母女倆離開捷克後，她第一次期盼能夠和我同住在一個屋簷下。但是，當我對這個新構想想得愈仔細，就愈受吸引，最後，我終於說服了我自己和媽媽，我應該在捷克學校完成我的中學學業，而不是在克羅伊登。

下學期一開始，我就看到了我和其他大約一百個捷克難民學生齊聚在尤斯頓車站。這班從倫敦載送我們至威爾斯拉努蒂德韋爾斯鎮的火車，擠滿了兒童和年輕人，他們大都彼此認識了許多年。原來，他們先前就在擴張前的什羅普郡捷克學校就讀。如今，流亡倫敦的捷克政府在剩餘的戰時日子裡，於布雷克諾克郡的沼澤區租下了奢華的亞伯南特湖旅館，建立自己的「文理高中」。學校的所有開銷——包括教師的薪水和生活開銷，以及學生的學費和膳宿等——一律由政府資助。這所學校與我之前所經歷的每件事物都大相逕庭，十七歲的我即將在此度過接下來的兩年生活。

首先，它肩負一個政治使命，這貫穿了我們的所有活動；再者，這是一所男女合校的海外寄宿學校；第三，它坐落於一間地處風景優美的度假勝地的豪華旅館裡。

我將會在入學後發現，除了我最親近的朋友之外，上課的老師和其他學生會用一個簡短的名字諾阿果娃（Groagovà）來稱呼我。我很害羞，與其他男孩和女孩在一起時，多少會感到不自在，他們不僅熟悉彼此，似乎也能輕鬆自如地從英語轉換成捷克語，彷彿那是兩種相同的語言。我早已經把小時候所學的捷克語忘得一乾二淨，現在，只得從頭開始學。而且，捷克語是學校規定的官方語言；所有課程、作業、遊戲，和大多數的課外活動一律使用捷克語。顯然，我們不僅全都要說捷克語，還要去感受捷克語，因為學校的使命就是預備好我們回去重建毀於納粹占領下的捷克共和國。

許多學生，尤其是年紀較大的男生，高度關注戰爭的軍事和外交進展。每天早上，我們在等待第一堂課的老師的空檔時間，一群焦慮的學生圍著壁爐站著，他們邊讀報紙，邊就最新的新聞展開唇槍舌戰。他們談論著邱吉爾、小羅斯福、史達林，還有（捷克總統）貝奈斯，遑論其他形形色色的將領、海軍將官和軍事指揮官，彷彿他們自己與這些將官相識。他們熱烈地辯論著這些領袖如何呼風喚雨，操控特定的軍事及外交事件。

我們雖然在英國找到了一個熱情好客的避風港，但我們難以忘懷英國首相張伯倫在慕尼黑會議出賣了捷克斯洛伐克。在這所學校裡，學生強烈倒向史達林和小羅斯福。雖然他們當中的許多人是因為納粹的反猶太主義而被迫離開捷克，而其他人（捷克人和蘇德台區的德國人）有許多則是因為父母親的社會主義信仰（自然會對蘇維埃產生同情）而離家。

每逢捷克斯洛伐克重要的獨立建國及發展紀念日，學校都會舉辦盛大的慶祝活動。流亡政府的重要成員會受邀出席、發表正式演講，以及與師生們談話。遇到這類場合，旅館的舞廳就會變身成充滿政治味的禮堂，學校用重要的同盟國國家的國旗來裝飾。舉例而言，在一九四四年十月二十八日的捷克共和國（一九一八年創立）國慶日當天，在舞台後方的牆壁正中央是一張巨幅的捷克地圖，上方的徽章伴隨著一句銘言：「真理勝利。」（PRAVDA VÍTĚZÍ）在德國於一九四五年五月八日宣布無條件投降後的當天，舞台只簡單地用捷克、英國、美國和蘇聯的國旗，拼成一個巨大的V字，代表勝利。

我們緊接著就被告知，流亡倫敦的捷克政府正安排我們這批想要返回捷克斯洛伐克的學生回國。只要保有學生身分，政府會繼續支援我們：著名的布拉格查理士大學很快就重新開放，使我深受吸引。於是，我和我那群勇敢的友人們在一九四五年八月底，搭乘美國的「解放者」轟炸機，平安地返抵布拉格，也把我帶到了理想破滅的震驚中。

在我啟程前往布拉格前，媽媽為了讓我有心理準備，她以溫柔和緩的方式，小心翼翼地告訴我爸爸可能已經離世的消息。有一天早上，我們母女倆躺在她房間裡的床上，當她告訴我爸爸可能已經過世時，我不願意接受這個事實。如今，我人在布拉格，和我一起返鄉的同伴全都在處理類似的創傷，我到紅十字會打聽爸爸的下落，在這裡可以得知失去音訊的親友的消息。我努力要回憶起當時的情景，但我的腦海卻是一片空白。我清楚記得我生命中許許多多重要，甚至是無關緊要的時刻，但關於揭露這個殘酷真相的情景，卻彷彿從未發生。那就像是有個技術高超的醫生

（或許是大自然本身）為我注射了一針強效麻醉劑，當我從手術中醒來時，身體感到隱隱作痛，而且持續到我在布拉格這段期間，事實上，是持續了一生之久。

我從一位童年至交哈妮口中得知了我父親最後幾年的生活，我的人生在特羅寶市的前十二年歲月，與哈妮共度了許多時光。她和家人最近也剛從特雷津集中營返回布拉格，他們在集中營目睹了我父親最後的身影。特雷津〔或特雷辛（Teresin）〕不是一個死亡集中營，主要是用來安置捷克公民。這裡有一間醫院，哈妮的母親波琪阿姨在裡面做一些卑賤的粗活。她告訴我，爸爸來到這裡後沒多久就罹患肺炎住院，最後不治過世。我擔心她或許是為了安慰我，而編出了這個善意的謊言，但我太怯懦了，我不敢深入挖掘事實的真相。

我的家族——姑姨、叔伯和堂表兄弟——似乎全被鏟除殆盡了。這個國家喪失了讓我可辨識的「家」的氛圍，家族的凋零只是其中的原因之一，還因為我返回的捷克斯洛伐克是一個讓我感到陌生的冷漠地方——我花了一段時間才理解，為什麼捷克於我如此格格不入。

我漸漸明白了一件事，就是身為一個出生於蘇台德地區、說德語的捷克斯洛伐克公民，我在那裡是不受歡迎的人物。我以為我應該很快就會明白這個事實，但因為我們的捷克公民身分在英國被完全接納，而且在威爾斯的捷克學校裡，老師、行政人員和學生都沒有歧視我，我想都沒有想過，在殘暴的納粹德國統治下生活長達六年的人，竟然無法輕易地分辨出被納粹驅逐的蘇台德德國人，以及與他們勾結的人之間的區別。

由於我在英國受到良好的保護，我不知道蘇台德德國人和捷克人之間的宿怨，早已藉由一場貫穿整個二戰期間的復仇行動，浮上檯面。

接下來，我花了很長的時間設法取得返回倫敦的簽證。英國領事館堅稱，我是被遣返回國的，我現在隸屬於捷克斯洛伐克，是捷克公民。我很清楚，我在心理上對捷克「沒有歸屬感」的事實，不會對領事館官員產生任何影響，因此我極力辯護，做為一個未成年人，我的家就是和我唯一活著的親人、我的母親在一起，她定居於倫敦，很快就會成為英國公民。這樣的爭論持續一年。

我偶爾也會到捷克其他地方旅遊。出於思鄉之情，我拜訪了我在特羅寶市的故鄉，如今大家只知道它的捷克名字：奧帕瓦。這個城鎮就位在蘇聯軍隊揮軍捷克的最前線。官方報告宣稱，百分之六十的特羅寶市毀於戰火中，當我回到這裡，觸目所及盡是處於廢墟之中的特羅寶市。儘管如此，我記憶中的許多情景仍然屹立在原地，但不出所料，所有事物似乎比我記憶中的樣貌小了許多。

停留於捷克的期間，有天下午，我去探望了我親愛的葛蕾泰爾阿姨的姊妹，愛麗絲，她是牙醫，我小時候對她有一點點認識。愛麗絲看起來蒼白而孱弱，她最近剛從特雷津集中營回來，與她的雅利安人捷克丈夫團聚。血栓的形成造成她體弱多病，她坐在漆黑的房間裡，把小腿放在一張坐墊上。愛麗絲突然要求她的丈夫把她的一個小木盒拿來。她小心翼翼地打開盒子，給我看裡面的東西。我的雙手顫抖，手捧著我父親的銀色懷錶，他把這只懷錶交給她保管。我的手指緊握住圓形的錶沿，我此時終於明白了我的失落感從何而來，從我得知這個噩耗起，這是我第一次克制不住自己的淚水。

第七章　逃離尼拉斯黨的魔掌

匈牙利大屠殺

羅伯特·「鮑伯」·伯格一九二九年出生於匈牙利德布勒森。他在十三歲時逃離猶太人區，避開了被圍捕、被帶到集中營的命運。他的雙親和兩個姊妹分別逃至布達佩斯。鮑伯參與了許多反抗行動，本文會描述其中一部分。戰後，他被收容在德國一處難民營裡，但他最後於一九四七年來到美國。鮑伯成為心肺外科醫生後，繼續他的開創性職涯，包括深入參與人工心臟的發展。

我的丈夫是精神科醫生歐文·亞隆，他和鮑伯相識於一九五三年，兩人當時都是波士頓大學醫學系二年級學生。兩人從此建立起親密的友誼，他們每個星期會聊上幾句，經常探望彼此，直到鮑伯於二〇一六年過世。儘管有這層親密情誼，但隔了半世紀之久，鮑伯才打開心房，說出他在納粹占領匈牙利期間，做為一個猶太兒童的經歷。

歐文的兒時大屠殺經歷與我的相近，但他所受的心理創傷比我更深刻。他發現，他大半的人生都無法直視有關大屠殺的影像，或者思索有關大屠殺的暴行。最後，他以文學為出口來正視這個問題，而在二〇一二年寫下小說《斯賓諾莎問題》。

歐文和鮑伯之間這場關於鮑伯經歷的對談，成了兩人合著的短篇故事《我要呼叫警察》的基礎。以下是 Kindle 電子書的紙本節錄本，歐文的談話以第一人稱「我」來表示。

在我的醫學院第五十屆校友會惜別晚宴結束之際，老友鮑伯．伯格跟我比了個手勢，表示要跟我聊一聊，他是我唯一碩果僅存的醫學院同窗好友。雖然我們後來朝不同的醫學領域發展，他進入心臟外科，我則選擇往醫治破碎心靈的談話治療發展，但我們兩人在醫學院讀書期間就已建立起緊密的情誼，而且知道這段友誼將會持續一生。當鮑伯抓著我的手臂把我拉到一旁時，我知道事有蹊蹺。鮑伯很少對我有肢體上的碰觸。身為精神科醫生我們很注意這類行為。他在我的耳邊用粗嘎的聲音，說：「有件事情重重壓著我……，往事湧現……，我的雙重人生，黑夜與白天在交會中。我需要跟你談一談。」

我懂。他的童年是在納粹屠殺匈牙利猶太人期間度過的，從那時候起，鮑伯開始過著雙重人生：白天，他是個和善、專心一意，完全不知疲倦的心臟外科醫生，到了晚上，那些恐怖的記憶片段成了夢魘折磨著他。我對他的白晝人生知之甚詳，但我們相識五十年，他對自己的黑夜人生卻是守口如瓶。他從未明確開口請求我的幫助：鮑伯向來獨立自主，不願麻煩別人，他是個謎一樣的人物，神祕莫測。現在這個在我耳邊低語的人，是另外一個人，不是我熟知的那個鮑伯。我點點頭說，好。我很擔心他。

但是，我準備好要聆聽了嗎？在那之前呢？我是在開始了我的精神病學訓練，展開了我自己的精神分析，而掌握了一些人際溝通的精妙之處後，才領悟到在我和鮑伯的關係中存在著一個根本的癥結。那不僅是因為鮑伯對他的過去三緘其口：也因為我不想知道。他的長期沉默，是我們倆串通一氣的結果。

我記得我在十幾歲的時候，被戰後新聞影片中所播放的集中營紀錄片嚇到目瞪口呆，我嚇壞了，我感到作嘔。但我還是想要看，我覺得我應當要看。這些人是我的同胞——我一定要看。但我每看一次，都大受震撼，甚至直到今天，我都無法阻止那些未經加工的原始影像的侵擾——鐵絲網、冒煙的火爐、身上掛著破爛條紋囚衣的骷髏。我很幸運：如果我的父母親沒有在納粹掌權之前移民國外，我也會成為其中一具白骨。最恐怖的是，影片中推土機搬動著堆積如山的屍體。在成堆的屍體中，包含了我的親人：我的姑姑在波蘭被殺害，我的叔叔亞貝的妻子和三個孩子也慘遭殺害。他在一九三七年來到美國，原本打算把一家人接來美國同住，但太遲了。

這些影像激起了我心中莫大的恐懼，並產生了極為狂暴的幻想，幾乎讓我崩潰。當這些影像進到我的心中，我無法成眠。它們永遠無法被抹滅：它們永不褪色。早在我遇到鮑伯之前，我便已下定決心不再把這類影像添加至我的心靈相簿裡，而開始對描繪大屠殺的電影和文章避而遠之。

隨著同學會結束，昔日同窗步出酒店宴會廳，在彼此異口同聲互道「我們找時間再聚聚吧」和「我們在這裡道再見囉」的此起彼落聲中——因為所有這些白髮蒼蒼、身形乾癟的七十五歲老男孩，深知他們幾乎不會再聚首了，我和鮑伯在飯店的酒吧找了一個安靜的角落談心。我們點了氣泡酒，鮑伯開始娓娓道出他的故事。

「我上個星期到卡拉卡斯（委內瑞拉首都）出差。」

「卡拉卡斯？為什麼？你瘋啦？到那種政治動盪不安的地方？」

「你說到重點了。我的團隊裡沒有一個人想要去那裡，因為大家認為那實在太危險了。」

「那麼對像你這樣一個七十七歲、裝有三個心臟支架的半殘老人，是安全的嗎？」

「你想要聽我的故事，還是你又想要對我這個朋友扮演治療師？」

他說得沒錯。鮑伯和我總是互相調侃，那展現了我們之間獨一無二的情誼。我不會對其他朋友這樣做。我很確定，我們的互相調侃是我倆感情深厚的象徵；或許，這是我們所能找到親近彼此的唯一方法。他的童年傷痕和許多的失落，都源自於他無法向人坦承自己的脆弱或情感。

找不到心中的平靜安寧，鮑伯總是以一種令人無法置信的驚人步調工作著，他每個星期至少有七十到八十小時是在開刀房裡度過，或是提供病患術後照護。他一天開兩三次心臟手術，為他賺得優渥的薪酬，但錢對他一點都不重要：他過著勤儉的生活，他把大部分所得捐給以色列或是與大屠殺相關的慈善團體。出於朋友的關心，我忍不住會對他的過度工作嘮叨幾句。有次，我把他比喻成穿著紅鞋的芭蕾舞女伶，無法克制不跳。他立刻反駁說，恰好相反：芭蕾舞女伶是把自己跳到死，而他則是為了活下來而跳。

他那顆創造力旺盛的頭腦，總是湧出源源不絕的新穎點子，他因為發展出一套穩定的手術流程，拯救了病入膏肓的病患而聞名。當他從活躍的外科生涯中退休下來，陷入了一段長時間的重度憂鬱中，但他最終以一種非凡的方式戰勝了憂鬱症。他後來成為一位鑽研猶太大屠殺的學者，致力於一個引發激烈爭議的主題，由於納粹曾在集中營裡進行不人道的醫學研究，因此現代醫學是否應該採用其醫學發現，引發廣泛爭論。鮑伯發表在《新英格蘭醫學期刊》上的一篇劃時代論文，證實了納粹的研究充滿訛誤，最終平息了這場爭議。行動力與其產生的成效很快就終結了他的憂鬱症。

我知道，他無法停止跳舞。我也無法停止繼續提供他無用的建議：放慢腳步、享受生活、找時間打電話聯絡朋友。

但在這個時刻，在參加我們的第五十屆同學會的當晚，有事情改變了。他第一次開口要我幫忙，我決意要伸出援手。

「鮑伯，把你在卡拉卡斯發生的事情，一五一十地告訴我。」

「我即將結束我在當地的三天行程。由於在那裡遭到搶劫或綁架的風險極大，接待我的幾個醫生在整個行程期間，隨時陪在我身邊，寸步不離。不過，我趁著在當地所吃的最後一頓晚餐之際，告訴他們不必陪我到機場：因為我要搭乘很早的航班離開，旅館會開車送我到機場。他們還是堅持要送我，但我已經打定主意，於是搭了旅館預備的豪華轎車離去。到此，一切似乎安全無虞。」

「安全？安全？你看看現在的委內瑞拉是怎樣的情況？」我對於他的判斷感到吃驚，開始向他發出抗議，但他對著我搖了搖他的手指說：「你又來了——我不需要一個心理醫生跟我嘮叨：要聽嘮叨，到處都有。」

「鮑伯，這是我的反射性反應，我就是忍不住。聽到你讓自己暴露在那樣的危險中，讓人抓狂。」

「歐文，你還記得我們昨天在熟食店共進午餐之後，朝著我們座車走去的事情嗎？」

「嗯，我記得我們的午餐時光。那和朝我們車子走去有什麼關係？」

「我記得我們轉過街角後，沿著小巷子繼續走到車子那兒。」

「對。對。我還因為你沿著馬路中央走而罵了你，還問你在布達佩斯有沒有人行道。」

「不止如此。」

「不止如此？還有什麼。喔，對了，我後來還說馬路要比人行道感覺更安全，因為馬路的視野更好。」

「好吧，我那時候太客氣了，不好意思說出口，不過你完全錯了：事實剛好相反：我那樣做是因為那更危險。那正是癥結所在——那正是為什麼你從來都不了解我。我是被危險餵養大的，那已經內化為我的一部分。一點點的危險反而使我感到安心。我最近才明白，手術室取代了我的反抗軍危險生活。在手術室裡，我與危險共處，我用雖然有風險但能救人性命的心臟手術來戰勝危險。手術室一直是讓我感到安心的地方。那是滋養我的奶水。」懂了嗎？他臉上的表情問道。

「我這個精神科醫生醫術有限，只和輕症者互動，不習慣這種極度精神失常。」我說。

「的確，」鮑伯對我的評論置之不理，繼續說道，「我有好幾年的時間沒有意識到自己的與眾不同。我以為，不論是誰與生俱來都可以勝任心臟手術，加入攸關人命生死的賽局中。換句話說，那些對心臟外科沒有興趣或是無法進入這個領域的人，無異錯失了人生中最大的挑戰。我是在這幾年才把我對冒險的熱愛與我的過去連結起來。大約在二十五年前，波士頓大學決定以我的名字設立一個基金教授席（endowed chair），還發行了一本精美的光面小冊子。封面是一張我在手術室裡被全體助理、手術衣和器械環繞的照片，題名：〈妙手回春〉（To Save Lives That Could Not Be Saved）。數十年來，我一直認為這個標題就是一種在麥迪遜大道上的街頭特技表演罷了，以募得更多資金。直到最近，我才恍然大悟，無論是誰想出了那個標題，都比當時的我更認識我自己。」

「我讓你離題了。讓我們回到卡拉卡斯。你在那個早上被豪華轎車接去後，發生了什麼事？」

「除了司機跟我敲竹槓之外，前往機場的行程無驚無險。我要求司機停靠在機場大門入口處，但他告訴我，他可以讓我在側門、靠近報到櫃檯的地方下車。當我進到機場，航空公司的報到櫃檯就在距離我一二百英尺遠的地方，我可以看到完成報到作業的旅客穿過登機門。我才走了幾步路，一個穿著卡其褲、白色短袖襯衫的年輕人朝我走來，他用相當流利的英文跟我說，他要查驗我的機票。我問他是誰，他告訴我他是機場的保安警察。我要他拿出證明所言不假，他馬上從襯衫的口袋裡拿出一張塑膠卡片，上面有西班牙文和他的大頭照。我把機票拿給他。他仔細查看，然後問我是否有足夠的現金繳交機場稅。」

「『多少？』」

「『六萬玻利瓦爾（相當於二十美金）』」他說。

「我回答他：『沒問題。』他想要看看我的皮夾裡確實有錢，我再次跟他保證我有足夠的錢付機場稅。然後，他告訴我我搭乘的班機延誤了，我應該跟著他上樓（樓梯就在我們眼前），在另一個機場大廳候機。他說他會幫我處理行李並幫我提袋子。接下來，他跟我要我的護照。我的護照？這時候，我腦中的警鈴響起。我的護照是我的身分證明、我的保障，和通往自由的門票。我在拿到美國公民的身分和護照之前，我是一個流浪的無國籍猶太人。沒有護照，我回不了波士頓的家。我會再次流離失所。」

「我察覺到事有蹊蹺，於是啟動了「自駕功能」（automatic pilot），不假思索地拿起插在皮腰帶上的手機，我冷冷地直視著他，我的手指放在從手機右上角伸出的短天線上，說：『這是與警察直接連線的發射機。快把我的袋子還給我，要不然我會按下按鈕。我要呼叫警察囉。』」

「他猶豫了。」

「『我要呼叫警察囉。』我說。然後，我又大聲重複了一遍，『我要呼叫警察了。』」

「他遲疑了幾秒。我趁機猛然抓住我的手提箱，使盡力氣硬是從他的手中搶回來，然後開始大喊——我不記得我喊了什麼——邊朝安全門跑去。我回頭看了幾秒鐘，看見那個人朝著相反方向急速逃跑。我上氣不接下氣地告訴在安全門的機場安檢人員，剛剛發生了什麼事。他立刻呼叫警察過來，他放下手上的話機後，說：『你很幸運，因為你差點就被綁架了。最近一個月，光是在機場裡就發生了六起綁架事件，遭到綁架的人有些從此音訊全無。』」

鮑伯深深吸了一口氣，在喝了一大口氣泡酒後，轉向我說：「這就是委內瑞拉部分的事發經過。」

「真驚險刺激！」我說，「還有嗎？」

「那只是故事的開始而已。我有一陣子無法忠實地還原當時究竟發生了什麼事。我無法回溯事發經過：我嚇壞了，腦袋一團亂。但我不知道為什麼會這樣。」

「差點被綁架絕對足以嚇壞任何人。」

「不是這樣的，如同我說的，那只是開始而已。注意聽了。我順利通過安檢，當我通過登機門，坐定後，我仍然驚魂未定。我翻開雜誌，但一個字都讀不了。我等了大約一個小時，但仍處於暈頭轉向中，然後像是夢遊一樣登上飛往邁阿密的班機。」

「滯留於邁阿密的那三個小時，我安靜地坐在舒適的椅子裡，啜飲著低脂可樂。就在我打瞌睡之際，事情發生了：我差不多有六十年的時間未曾再想起的一件事情，強行闖進了我的記憶中。起初，它顯得有些無從捉摸，但我猛力拉住它，設法拼湊每一個細節。最後，一件發生在布達佩斯、我當時只有十五歲的六十年前往事，鮮明地浮現在我的腦海中。往事歷歷在目，我重新經歷了當時的每個細節。幾個小時後，我登上飛往波士頓的班機，我感到無比輕鬆，所有的焦慮不安幾乎全都消失了。」

「告訴我你看見了什麼。一五一十地告訴我……，不要遺漏任何東西。」出於對鮑伯的愛和友誼，我採取行動，向他提出我的要求。我感受到，只要鮑伯願意和我分享他的經歷，他就能得著釋放，但我很怕將要聽到的內容。可是我也深知，該是陪伴我的朋友進到他的夢魘中的時候了。

他一口飲盡他的氣泡酒，整個身體向後仰往酒吧的沙發靠去。他閉上眼睛，開始緩緩道出他的故事。

「我那時候十五歲。納粹士兵正把猶太人街區的猶太人帶往火車鐵道，準備把他們驅逐出境，我從這支隊伍中逃脫後，回到了布達佩斯，我用假造的身分文件以基督徒的身分在那裡生活。我的家人之前全都被逮捕後驅逐出境。我在布達佩斯租了一間雅房，和一個朋友住在一起，他在一九四二年從捷克逃離至匈牙利。他已經用假造的身分文件在此生活了一段時日，對這方面可說熟門熟路。保羅是他的假名。我不記得他用了什麼姓氏，而我從來都不知道他的真名。我倆成了非常親近的好朋友。除了腦中殘存的記憶，在我的書房裡，我的案頭上還放著一張他的放大老照片，相片已經泛黃發皺。我的另外一個好朋友米可洛斯，在幾個月前被尼拉斯黨殺害。」

「尼拉斯黨？」

「匈牙利的納粹。他們是野蠻人，是武裝暴徒組成的民兵組織，他們在街道上圍捕猶太人，不是就地殺了他們，就是把他們帶回派對屋，進行凌虐和屠殺。他們對待猶太人的手段要比德國人或匈牙利警察更加殘暴。尼拉斯黨這個字詞源自匈牙

羅伯特·「鮑伯」·伯格於波士頓，
友人婚禮中擔任伴郎，約攝於1950。

利文的箭頭。他們的徽章圖案是兩個交叉的箭頭，很像納粹的萬十字章。」

「保羅和我非常親近。當我們聽到猶太人要在斯洛伐克發起一場反抗納粹的起義行動時，我們想要加入當地的反抗軍。因為我不會說斯洛伐克語，所以他認為最好先由他去了解整個情況。如果事情進展順利，他會找到地下管道回到布達佩斯來接我一起過去。我跟著他一起來到布達佩斯火車站為他送行，我確信我會在幾個星期後再見到他。但他從此音訊全無。我在大戰結束後，想方設法打探保羅的消息，但他始終下落不明。我確信他已經被納粹殺害。」

「我從反抗軍那兒獲派許多任務，只要機會出現，我一定竭盡全力達成使命。事實上，我後來練就出偽造身分文件的本領，提供給想要以假冒的基督徒身分通關的猶太人。我白天在一家小藥廠當跑腿的雜役童工養活自己，這家藥廠專門為匈牙利陸軍製造藥品。」

「我下面要說的是我上個星期在邁阿密機場候機時，一段從記憶中浮現的往事。那年我十五歲，有天早上我意識到自己已經遲到了，便急急忙忙往工廠奔去，在過馬路的時候，我看到一個尼拉斯黨惡徒——他頭戴一頂軍帽、腰上繫著軍用腰帶、手槍放在槍套中，臂章上繡著兩個交叉的黑色十字箭頭——手上拿著一把衝鋒槍指著一對倒楣的猶太老夫婦，把他們拖行了約三四英尺。這對年紀六十多歲的猶太老夫婦，被迫在左胸前上貼上一個約十公分大小的黃色星星。顯然，老先生可能就在幾分鐘前遭到痛毆：他的臉腫脹黑青，只看得到眼睛。他的鼻子也被打得歪七扭八，腫脹發紫，還流著血。鮮血從他的灰白頭髮中汩汩流出，沿著額頭流到臉上。他的耳朵很大，被打得血肉模糊、鮮紅一片。婦人從他身邊經過時，不禁哭喊著。我看見她轉過頭向那個惡棍求情，但他只是用他的槍管把她的臉轉回去。」

「記住了，這種事在那些日子裡不是什麼大驚小怪的事。我知道，要你理解這種事很難，然而卻是這個城市裡司空見慣的景象，每一天都要上演許多遍。猶太人經常在街頭上被逮捕，甚至當場被射殺。屍體就這樣被曝曬在人行道上一兩天，直到有人來收屍。不用說，這對夫妻正被帶往一處尼拉斯黨的派對屋。他們會在那裡遭到拷打、凌遲和子彈穿腦的行刑式槍決，或是被吊鋼絲懸掛在天花板上。抑或，射殺加溺斃——這是尼拉斯黨最愛的酷刑之一。尼拉斯黨會把一群猶太人押往多瑙河岸開槍射殺，再把他們的屍體丟棄在冰冷的河水中。有時候，他們會把三個猶太人綁在一起，只射殺其中一個，然後把三個人全都丟進河中，另外兩個人不是淹死就是凍死。」

我不禁打了個冷顫，我預感這幕三人被綁在一起，而在冰冷河水中拚命掙扎的幻影，將會在當晚稍晚闖進我的夢中。但我什麼都沒有說。

鮑伯注意到我在打哆嗦，便把目光轉向別處。「歐文，你要開始習慣我說的這些事；它們聽起來很不可思議，但你要漸漸習慣。即使我現在想起來也覺得匪夷所思，無法相信這些事情曾經發生過，但它們確實曾經天天上演。我曾目睹猶太人被大量射殺的場面，也知道即使沒有當場斃命，但只要被丟進冰冷的河水中，絕對必死無疑。」

「在布達佩斯，被押送的猶太人隊伍走在街道上時，總是有尼拉斯黨的士兵在隊伍前後監視。有時候，尤其是在傍晚剛入夜之際，天色變暗，會有一個反抗軍戰士（我自己就做過幾次）跟蹤他們，伺機向士兵投擲手榴彈，希望能炸死那些尼拉斯黨惡徒。當然，手榴彈也會炸死隊伍中的猶太人，但他們很快就會踏上死亡之路，何況偶爾會有一些猶太人趁亂逃走。我的這類反抗軍活動從未從我的記憶中消失。我知道聽到我要說的話，你一定會大感震驚，但我想告訴你，它們是我人生中的高峰經驗。」

「我從猶太復國主義反抗團體得到的另一個指派任務，是跟蹤街上尼拉斯黨暴徒押解的猶太人，然後記下尼拉斯黨派對屋的地址，猶太人犯被帶到這裡。這類派對屋分布在布達佩斯各處，如果像我之類的不同探子都回報指出在什麼地方有大量的猶太人被拘禁在裡面，那麼這個派對屋會在夜晚不時遭到攻擊。年輕的猶太反抗軍戰士會騎著摩托車經過這個派對屋，朝它丟擲手榴彈，然後帶著衝鋒槍徹底搜索那個地方。」

「雖然我們的目標通常是針對樓上的人，犯人一般都關在地窖，我們也知道會有一些猶太囚犯因此而受害，但這些都被我們拋諸腦後——反正這些猶太犯人終將難逃一死。我們只想殺死納粹。同時，我們希望攻擊所造成的混亂能給一些猶太犯人成功脫逃的機會。從更大的格局來看，我確信我們的零星攻擊不會起太大作用，但至少，我們對自己交帳了，也讓尼拉斯黨人知道，他們殺了猶太人，不可能不受任何懲罰；我們要讓他們知道，他們也一樣置身在危險中。」

「漸漸地，有愈來愈多的細節回到我的腦海中。我記得當我看到那個被痛揍的老先生和他身旁哭泣的妻子時，我又仔細看了他們一眼。雖然我只是停下片刻，盯著他們看了一會兒，全程大概不超過三四秒鐘，但那個尼拉斯黨士兵注意到了我，他站在對街用槍指著我，大喊：『你——你給我過來這裡。』」

「我穿過馬路，盡可能表現得若無其事。面臨緊要關頭，甚至有可能喪命的危險，對我已經是家常便飯，所以我設法冷靜以對。儘管我的內心害怕不已，但我不能讓恐懼挾制我：我必須集中注意力想辦法讓自己脫離目前的險境。在那段日子，要出門上街，你必須隨身攜帶一大疊完整的身分文件，雖然我的身分文件是偽造的，不過它們製作精良，看起來跟真的沒兩樣。他問我是不是猶太人。我回答說：『不是。』然後把我的身分文件一一拿出來給他看。他問我住哪裡，以及跟誰住在一起。當我告訴他，我住在一間合租的雅房時，他的疑慮似乎更深了，他問我：『怎麼會來這裡？』我告訴他，我在一家專門為陸軍生產藥品的藥廠工作，撫養住在鄉下的寡婦母親和祖母。我還告訴他，我的父親是匈牙利士兵，因為對抗共產黨在蘇聯前線戰死了。但是，我的這些說詞完全打動不了這個人渣。他只簡短地回答：『你看起來像猶太人。』然後，他用槍指著我，咆哮說：『你加入另外兩個猶太人，列隊往前走。』」

我愈來愈不安。鮑伯看到我搖著頭，點了點他的下巴，露出狐疑的表情。

「鮑伯，這實在是太可怕了。我在這兒跟你一起，仔細聽你說的每一個字。但我快要受不了了。我的生活如此安穩，如此……如此平靜，一點都不用擔驚受怕。」

「記住了，我每天都會碰到這類危險。當我走到這對夫婦身旁，我知道我有麻煩了，但不止如此，我突然驚覺到，我口袋裡的東西足以讓我陷入極大的危險中，那是三個匈牙利政府橡膠官印。我是在前一天從一家製作這些印章的店裡偷來的，而且打算在當晚和一些同為反抗軍的死黨們碰面，一起偽造基督徒身分文件給猶太人使用。這實在是太蠢了，帶著這樣一個會連累自己的東西在身上一整天，簡直愚蠢至極，但我意志堅定，無論如何我今天晚上都要赴約，照原定計畫行事。我們這群人無時無刻都在刀口上生活。」

「我的確碰到了一個大麻煩。我知道我會被搜身，一旦被他們發現我身上有這些印章，我根本沒有脫逃的機會，機率是零。他們會控告我是間諜或是反抗軍的一員。他們會對我嚴刑拷打逼我說出反抗軍的情報——它的地點，還有夥伴們的名字。在凌虐過後，他們會槍殺我或是把我吊起來。我也很害怕自己到時候會受不了，把它們全盤托出。我必須想辦法擺脫掉這些印章。」

「幸運的是，我身上還帶了一些貨真價實的商業信，是藥廠寄給陸軍總部的，而且交給我拿去郵寄。我們繼續前進時，我在途中看到了對街有個郵筒，我當下知道我不能錯過這個大好機會。我趕緊從袋子中拿出這些要寄往陸軍總部的信件，把它們拿給尼拉斯黨士兵，還說我的老闆告訴我，它們今天一定要寄出去，因為信中有要運送到俄國前線的藥品數量的指示。」

「我告訴這個納粹，我必須過馬路到對街把這兩封信寄出去。他把手上的槍放低，仔細檢查這兩封信後，點點頭准許我這樣做，但警告我千萬別耍花樣。在過馬路到郵筒的途中，我把橡膠印章從口袋裡拿出來（感謝神，我只攜帶了橡膠頭，而不是木柄），我把它們夾雜在信件裡，然後打開郵筒口，把所有東西都丟了進去。我感到如釋重負：我已經擺脫了那些會使我入罪的主要證據。我現在唯一要做的就是讓那個禽獸相信我不是猶太人，以順利脫逃。他隨時有可能會脫下我的褲子，檢查我是否割了包皮。我前面說了，他們如果看到了印章，我的逃脫機會是零，但我也知道，萬一我被他們帶到派對屋，我活命的機會不到百分之五。」

我無法靜默不語。我感到異常焦慮，我的心臟猛烈跳動著，我必須說些話，什麼話才好。

「鮑伯，我無法想像你是怎麼做到的——你是怎麼走過來的，而且能有今天的成就。你當時的內心感受是什麼？我想像著如果我是你，在十五歲的年紀就必須面對和應付死亡的威脅……，我的意思是，我沒法想像。我在十幾歲的時候，我所經歷的最大創傷就是在新年跨年的時候，旁邊沒有約會對象。那真是可悲又可憐。我不知道你是如何面對那樣的死亡威脅……，你知道的，我現在已能應付那些浮現於腦海中的死亡念頭；我現在七十六歲，過著心滿意足的生活，我實現了我的所有承諾。我已經準備好面對死亡。但我在十五歲的時候……，我記得在我思索死亡的那僅有幾次經驗裡……，呼——那種感覺就像是活板門在我的腳底下打開……，恐怖得讓我難以忍受。我不認為造成你出現夜驚與夢魘的根源，有任何神祕之處。我只是聽你講述這段青少年時期的經歷，就讓我毛骨悚然，我可能今晚就會夢到你的經歷。」

鮑伯拍拍我的肩膀。想像一下，他還要反過來安慰我。「你會習慣的。記住了，這只是我的一次死裡逃生經歷而已，許許多多中的一個。我猜想，你甚至會開始習慣排山倒海而來的死亡威脅。此外，你還要記住，我那時候一心只想著活下來，根本無暇思考死亡。只要活下來就好。我如果那時候——甚至是接下來的二十年——讓自己有感覺，反而會陷於崩潰。你還想聽後續的發展嗎？」

我設法平息心中的驚恐，點點頭說：「當然。」既然鮑伯給了我這樣的榮寵，終於願意向我吐露他的祕密，我決意絕不再讓他閉口不語。

「再繼續走了十到十五鐘左右，」他繼續說道，「我看見了一個匈牙利警察轉過街角，朝我們走來。我已經被逼到絕境，當我一看到他，我一定是跟自己說：『這是我的機會，唯一的脫逃機會，我要呼叫那個警察。』」

「我向他大喊：『警官，警官，拜託你，我有話要跟你說。我要去工作，但這個人把我攔下，不讓我走。他準備把我帶往某個地方。他聲稱我是猶太人，可我不是啊。我討厭猶太人，而且我有身分文件可以證明我是基督徒。如果他不放我走，我這一天的工資就泡湯了，我就沒有錢可以寄給我的寡婦母親和外婆。拜託你，看一下，這是我的文件。我是基督徒：這些文件會證明我說的是真話，看完後你會准許我回去工作的。』我舉起手，揮舞著手上的身分文件。」

「當這個警察問說，到底是怎麼一回事時，這個尼拉斯黨惡徒大聲咆哮，說：『他是猶太人。我會關照他還有另外兩個猶太人。』」

「『不要在這裡撒野，』警察回吼，『這條街是我的轄區。我會處理這事。』」

「他倆爭執了一會兒，直到這個警察失去耐性，他掏出手槍，再一次重申：『這是我的地盤。我正在巡邏，我要帶這個孩子去警察局。』」

「那個尼拉斯黨人突然變得膽怯起來，他的轉變讓人大吃一驚，他說他會把我交給那個警察羈押，但他會到警察局抽查，看看我是不是真的被帶去那裡。說完，就帶著他面前那對老夫婦繼續上路。而那個警察依舊握著手槍，告訴我走在他前面。我轉過頭看了那對必死無疑的猶太老夫婦最後一眼。對他們，我什麼忙都幫不上。」

「尼拉斯黨和警察早就彼此看不順眼，積怨甚深，因為警察看尼拉斯黨一點都不專業，不過是一群暴徒而已，篡奪了警察的合法權力。警察和尼拉斯黨人之間的衝突，一如我所引起的這場風波，並非不尋常。」

鮑伯這回直接看著我——在此之前，他有時候是閉上眼睛，有時候是望著遠方彷彿是在夢中，訴說他的故事。他的門生眾多，我一度把目光轉向他們，在凝望了幾秒鐘後，我提醒鮑伯，說：「然後呢？」

「這個警察和我開始移動腳步，經過一個街區後，他把手槍放回槍套。他不問，我就閉口不語。我們又繼續走了幾個街區後，他看了看四周，說：『快走，快回去工作。』我謝謝他，並告訴他我是一個匈牙利愛國者，我的母親會感謝他。說完，我拚了命地加快腳步、頭也不回地往前走。我一轉過街角，在脫離了警察的視線後，我幾乎是用跑的，我看見一輛有軌電車放慢速度從我旁邊駛過，我立即跳上車。我確信有人在跟蹤我。我注意到有個警察站在車廂後面，於是我慢慢朝車廂前面移動。電車駛過兩個街區後，慢了下來，我馬上跳下車，然後繞路往藥廠走去，我確定沒有人跟蹤我。我進到藥廠後，老闆問我為什麼遲到了。我告訴他，我平時上工走的那條路被封閉了，因為昨天晚上這裡發生了爆炸案，街道上滿是碎石瓦礫，他對我的解釋似乎很滿意。」

「這就是整個故事，」鮑伯坐在沙發上，身體往前挪，再次直視著我，「你怎麼看？那就是你們所謂的潛抑作用（repression），對吧？遺忘了半個世紀？」

「這是無庸置疑的。」我說，「如同我所聽過的案例一樣，這是很清楚的潛抑及抑鬱例子。我們應該把它寫下來發表在精神分析期刊上。」

「也許吧，」鮑伯說，「你的同行佛洛伊德知道他在說什麼。你知道佛洛伊德也是我們的同胞。他幾乎就是個匈牙利人——他的父親是摩拉維亞人，摩拉維亞全境曾是奧匈帝國的一部分。」

「我特別感興趣的是這個讓你從深藏的記憶中把它取出的警告。這句：『我要呼叫那個警察。』——正是這兩個事件之間的紐帶：它上個星期把你從委內瑞拉的綁匪手中救下來，也曾在你十五歲時，救了你的命。鮑伯，告訴我，那個匈牙利警察為什麼放了你？」

「是啊，小子，這真是一個好問題。我有一段時間一直執迷於這個問題，但生活還是要繼續。我問了自己許多問題：他知道我是猶太人嗎？他是一個正直的人，所以想要做高尚的事？他放我一線生機是出於他的慷慨大度？或者，他只是不想把時間浪費在我這種無足輕重的人身上？還是，我根本就不重要——我只是附帶的？我只是受惠於他厭惡尼拉斯黨人罷了？真相是什麼，我永遠都不會知道。」

「還有後續發展嗎？」我問道，「你返回波士頓後的那個星期發生了什麼事？」

「我一下飛機就馬不停蹄地從機場直奔我在波士頓的辦公室（波士頓和委內瑞拉首都卡拉卡斯之間沒有時差），而且我沒有跟任何同事提及我在當地差點就被綁架的事情，因為這可能會嚇跑在委內瑞拉建立臨床試驗的團隊。在接下來的兩個星期，我穿梭往返於其他六個城市。」

「鮑伯，你瘋了。你到底在做什麼？你根本是在找死。你已經七十七歲了。我只是聽你講你的行程表，就已經覺得筋疲力竭了。」

「我知道這項醫學新科技是嚴重肺氣腫患者的福音，可以幫助他們擺脫因為氧氣不足而漸漸窒息死亡的威脅。我很享受目前的工作。還有什麼比這個更重要的呢？」

「鮑伯，雖然說法不同，但我要表達的意思是一樣的。你還在執刀的時候，你開的心臟手術可能比任何其他在世的外科醫生都多。一星期七天，日夜不停。凡事過度，無一適度。」

「既然如此，那你是哪門子精神科醫生朋友？你為什麼不阻止我呢？」

「我盡力了。我記得我跟你談過、對你嘮叨不休，還向你咆哮，也警告過你、規勸你，直到你給了我一個回答，才使我踩了緊急剎車。我這輩子都忘不了那次談話。」

鮑伯抬起頭。「我說了什麼？」

「你忘了嗎？好吧，我們曾談到你在手術室如此壓榨自己的理由。我提出了我的一個主要看法，就是你在手術室裡有完全的控制權。這抵銷了你看著自己的家人和朋友在眼前消失，所經歷的無助感。儘管參與反抗軍帶給你快感，但你大致上仍是軟弱無力的——就和其他數百萬計的猶太人一樣。最重要的是，你必須活下去。從那時候起，你變得極度活躍，不知疲倦。你拯救生命。你在手術室裡，幾乎掌控大局。」

「那是我能想出的最好理由，」我繼續說道，「但是，有天你跟我說了其他的事情。我清楚記得那天的時間和地點。我們在你家碰面，你就坐在那幅巨大的蠟筆畫下方，畫中一具具扭曲變形的裸體堆積如山。你總是喜歡坐在那裡。你似乎對那幅畫感到安心自在。可是，我討厭那幅畫，每次看到它都讓我全身緊繃，只想逃離趕快換到其他房間。你就是在那裡告訴我，你只有在手握著跳動的人類心臟時，才感覺到自己是真正活著。聽了你的話，我完全說不出話來。我無言以對。」

「為什麼會無言以對呢？那不像你。」

「我還能說什麼呢？你其實是在告訴我，為了讓自己有活著的感覺，你不得不讓自己遊走在生死一線間。我理解你需要這種迫在眉睫的危機感，以克服心中的死亡陰影。我那時候聽著你的恐怖經歷使我不知所措，我之前從未有這樣的感受。我只覺得束手無策。我不知道該說什麼。我怎麼能只靠口惠來對抗死亡呢？我想，我採取了行動。鮑伯，我們共度了許多美好時光，我們一起做了許多事——你和我，然後是我們的妻兒，我們也一起旅行。但這些對你是真實的嗎？是和你的黑夜人生一樣真實嗎？還是，這一切對你來說不過是過眼雲煙，轉瞬即逝？鮑伯，我知道換作是我經歷了你所經歷的事情，我要不是死了，要不就是覺得自己彷彿死了一樣。或許，我也會想要用手握住一顆跳動的心臟。」

鮑伯看起來被觸動了。「我在聽。別以為我沒在聽。我知道，你覺得我在與我的絕望無助搏鬥，那種所有曾經被槍指著頭或是列隊走向毒氣室的猶太人、吉普賽人、共產主義者，都經歷過的絕望感。你是對的，我知道當我在開刀的時候、當我在手術室掌控全局的時候，我再次感覺到自己是強大的。我也知道，我需要危險，需要在生死一線間保持平衡。所有你說的話和付出的行動，我全都明白。」

「但是，」鮑伯繼續說，「還有另外一個部分，或許是更重要的一部分，是你還不知道的。你即將聽我道出。這部分只存在於我的第二人生——我的夜晚人生。它出現在我的夢中。」

我驚訝地抬起頭。「什麼？你要告訴我一個夢？這是你第一次向我吐露。」

「就把它當作是第五十屆同學會的禮物吧。如果你的解釋令我滿意，我會在我們的第七十五屆同學會再告訴你另外一個夢。我的夢……它們幾乎總是在處理兩個主題中的一個——大屠殺或是手術室。非此即彼，有時候兩者會合而為一。而且，這些恐怖、殘酷、血腥的夢境，不知為何到了隔日，反而會讓我帶著一種重新出發的心境，展開新的一天。它們充當某種逃生口的功能，它們就像是某種巨大的漩渦巡遊通過，然後把黑暗的記憶消除掉。」

「所以，回到上周吧，回到在卡拉卡斯差點發生綁架事件那一天。我回到家，沒有告訴任何人我發生了什麼事。我筋疲力盡，累到吃不下飯，九點之前就睡著了，然後做了一個強而有力的夢。也許這個夢是為你做的——是送給我畏縮不前的朋友的一個禮物。且聽我道來。」

「那是半夜。我在急診室的等候區，那裡看起來像是波士頓市立醫院的急診室，我在那裡多年度過了許多個這樣的夜晚。我看著病患在那兒等待著後續的醫護處置。我注意到了一位坐在長椅上的老先生，他的外套上有一顆亮黃色的大衛之星圖案。我想我認得他——但我不是很確定他是誰。」

「然後，我發現自己置身在手術衣的更衣室裡，準備換上手術衣。我到處找不到手術衣，就穿著外衣裡的條紋衣衝進手術室。這是一件藍灰相間的條紋衣——沒錯，它們看起來很像集中營裡猶太犯人穿的囚服。」

「手術室裡空蕩蕩的，令人發毛——沒有護士、助手或技士，沒有麻醉師，也沒有圍上藍色布帷，工作檯上面沒有擺放整齊排列的手術器械，尤其是我專用的心肺儀器。我感受到強烈的孤獨感、茫然感和絕望感。我四下環顧。手術室的牆壁堆滿破舊的黃色皮箱，從地板到天花板，從一側牆角成排堆疊到另一側牆角。這裡沒有窗戶——事實上，沒有一面牆壁是有空隙的，甚至連留給X光片看片燈的空間都沒有——除了皮箱什麼都沒有——它們看起來就像那個在布達佩斯街頭，被尼拉斯黨惡徒用槍指著走在他前面的猶太老人所攜帶的那口皮箱。」

「我看到一個男人全身赤裸靜靜地躺在手術檯上，身體劇烈地扭動著。我走近他。他看起來很眼熟。他是我在急診室看到的那個男人。我當下想起來，他就是我當年在布達佩斯街頭所看到的那個攜帶著皮箱，被尼拉斯黨暴徒痛毆、必死無疑的男人。鮮血從他身上的兩個彈孔流出，子彈穿過他外套上的黃色大衛之星卡在他裸露的胸腔裡。他需要立刻做緊急處置。但手術室裡只有我孤零零一個人，沒有人幫助我，也沒有手術器械。男人呻吟著。他快要死了，我必須剖開他的胸腔，把手伸進他的心臟來止血。但是，我沒有任何解剖刀。」

「接著，我看到了這個男人的胸腔敞開著，切口中央是他虛弱的心臟，無力地跳動著。隨著心臟的每一次跳動，兩個彈孔就從前心壁往上空噴出大量鮮血，噴濺到手術燈的玻璃燈罩上，在明亮的燈光上形成一道紅色的朦朧霧光，滴落在男人裸露的胸膛上。心臟的兩個彈孔必須要封起來，但我手邊沒有達克倫手術貼片可以封住傷口。」

「然後，我的右手突然有了剪刀，於是我從身上穿的條紋衣底部剪下一塊圓形補釘。我把這塊補釘當作貼片覆蓋在心臟的一個彈孔上。噴血止住了，心跳也變得更有力。但是，另外一個還洞開的彈孔開始出現間歇性噴血。心跳緩慢下來，噴血漸漸變得無力，噴濺不到手術燈，卻回落滴到我在忙著的雙手上。我把一隻手覆蓋在彈孔上，並從我的條紋衣上剪下第二塊圓形補釘，然後沿著心臟彈孔邊緣縫合好。」

「流血再次止住了，但沒有多久，心臟的血液沒了，心跳愈來愈無力，最後完全停止跳動。我嘗試按摩心臟，但我的雙手無法動彈。就在這個時候，其他人開始魚貫進入手術室，這裡現在看起來更像是法庭。他們用譴責的表情看著我。」

「我嚇出一身汗醒來。我的被單和枕頭被汗水溼透，我醒來後，仍不停想著：『但願我能按摩他的心臟，就能把他救回來。』然後，我驚醒過來，明白了這整件事都是夢，而稍稍鬆了口氣。然而，即使醒了，我還是默默地反覆喃喃自語著：

『但願我能把他救回來。』」

「但願你能把他救回來，然後呢？……然後呢？……鮑伯，繼續說下去。」

「但是，我救不了他的命。沒有器械，甚至連一片貼片或縫線都沒有。我根本無能為力。」

「你說對了，你救不了他。你在手術室裡沒有任何裝備可以搶救他。你手無寸鐵，就像當日那個嚇壞了的十五歲男孩，只能救他自己一樣。我認為，那就是這個夢的關鍵。你改變不了任何事。但直到今天，你每天晚上還是在審判自己，宣告自己有罪，你已經用自己的一生在贖罪了。我留意你很久了，羅伯特．伯格，我已經做出裁決了。」

鮑伯抬起頭，我吸引了他的注意力。

「我宣判你無罪。」我說。

鮑伯一度說不出話來。

我站起來，用食指指著他，再說了一遍：「我宣判你無罪」。

「我不確定你是否已經全盤考量過所有證據，法官。這個夢難道不是在說，我本來可以犧牲自己救他的命。在夢裡，我剪下我的衣服來救他。但是，六十年前在布達佩斯的街上，我沒有顧及到那個老先生和他的妻子。我只想著要怎麼救自己的命。」

「但是，鮑伯，這個夢已經回答了你的問題。非常具體。在夢裡，你把自己所有的都給了，甚至剪了你的衣服，但還是不夠。他的心跳最終還是停止了。」

「我本來可以做些事情的。」

「仔細聆聽這個夢：這個夢的真相來自你的心。你救不了他，也救不了其他人。過去和現在都救不了。你是無罪的，鮑伯。」

鮑伯緩緩地點了點頭，不發一語地坐了一會兒後，看了看手錶。「十一點了。已經過了我上床就寢的時間。我要去睡覺了。你的收費是多少？」

「天文數字。我要用我的計算機算一下。」

「不論多少，我會交給我的夜間陪審團去評斷。或許，他們會給你一個祝福或是一頓燻魚貝果早餐來回報你。」他轉過身來面對著我，接著我們擁抱彼此良久，比之前任何時候都久。然後，我們踏著疲憊的步伐各自朝著自己的夢鄉緩緩歸去。

第八章　當記憶說話

當我寫作本書到半途，我的朋友布拉姆・狄克斯特拉（藝術暨文學評論家）提醒我說，我應該要對在二戰結束後三十年至七十年間所寫的童年回憶錄的真實性，打上問號。因為記憶是善變的。記憶遺忘了大部分的往事，卻緊抓住只剩模糊輪廓的零星片段不放，抹去令人痛苦的事件，而美化了其他事件，以及虛構故事以滿足潛意識中的願望。既然如此，一本信實的著作怎麼能建立在如此不可靠的敘事上呢？

他緊接著跟我提及了他在二戰期間的一個親身經歷，他那時候只有兩歲，住在荷蘭。我請他把那場意外事件寫下來，下面就是他的版本：

我們住在海牙十六號山雀廣場（Het Mezen-plein 16）附近，是群集於這個鳥區（這裡的街道全部以鳥類來命名）的中產階級住宅區中的一戶，Mezen 的意思是「山雀」。這裡的房子沿著一處 plein（廣場）周圍環繞分布，廣場裡面有一個廣闊的平坦蔥鬱綠地，它的四圍架設了高度到人胸部的金屬圍籬，頂部還加裝了帶刺的鐵絲網。

那天是個大晴天，陽光燦爛而溫暖，荷蘭很少有這種好天氣。我的三個姊姊，她們分別是十歲、八歲和五歲，正在玩球，那顆球充氣飽滿、彈力十足，不大受控。我一定是跟著姊姊們追著球跑。我的一個姊姊用力一踢，球飛過圍籬滾到了那塊綠色禁地的深處，不可能拿回來了。但我的大姊有辦法，她的身材魁梧有力，她把我高舉越過帶刺的鐵絲網，把我放下來後，告訴我去把球拿回來——我照做了。然後，整個情況突然失控，頓時陷入巨大的混亂中：先是聽到戰機呼嘯而過的巨大聲音，緊接著周圍充斥著刺耳的噪音，那是爆炸聲，雖然不是發生在綠地附近。

我突然看到媽媽從我們家的階梯跑下來，出現在我的正前方，她驚慌得不知所措。她大喊我的名字，示意我走到圍籬邊，我在爆炸聲中走向圍籬。媽媽非常激動，伸手越過圍籬把我抱起後，迅速把我高舉越過圍籬，由於她的動作又急又猛，鐵絲網的刺劃破我的衣服，我的胸部多處遭到刮傷，媽媽不得不用涼性貼布敷在我的傷口上。

那正是兒童會記得的事件，不僅因為當時情況緊急——嘗到如假包換的切膚之痛，還伴隨著刺耳的爆炸聲，也因為這次的事件依舊對他的餘生具有象徵價值。即使如此，布拉姆仍然針對童年回憶的不可靠，提出了他的警告：

關於個人記憶的可靠性，以及它們對於兒童心理發展的影響，其中一個更引人關注的問題是：最終，有多少這類記憶的細節會被在事件發生當下，與這個兒童當事人同在附近的其他人當時的經歷所影響、汙染或竄改。在我的這個兩歲經歷案例裡，我知道那個事件是真實的、是無法被抹滅，也無法被遺忘的。七十八年後，我仍然可以感覺到帶刺的鐵絲網刮傷了我，我仍然可以描繪出當時的情景、顏色和事發經過。

但我所寫的每一件事情，都獲得了其他人的說法的支持——主要是我的母親和姊姊們。我在許多年後才得知，這次的事件事發生在一九四〇年六月德軍入侵荷蘭的幾天後。我們家所在的廣場緊鄰一條道路，僅僅一路之隔的對面區域，當天被炸得灰飛煙滅，夷為平地。我們居住的城市被該死的邪惡德國人摧毀了一部分。我們那時候只要再走遠五十碼，一定會害死自己。我確信，我人生多數時候都以為那次的事件是德國入侵者的殘酷暴行所致。後來，大約在十五年前，我和姊姊重回當時的事發現場，帶刺的鐵絲網依舊環繞著那塊綠地。我那時候才得知，轟炸我們城鎮那塊區域的是英軍的飛機！那次的轟炸行動造成了海牙市民在二戰期間最慘重的傷亡事件之一。英軍摧毀了那個區域，倖存的當地人後來在周邊築起防禦工事抵禦入侵者，但只是徒勞一場。

換言之，我所經歷的事件是真實的，而且記憶猶新。這段經歷的確幫助了我塑造我個人對真實性的觀點：但我這些年來，在家人和家族友人的協助下，以這個事件為中心所建構的故事，並沒有比其他人的記憶更精確，其實，並無二致。

我對布拉姆的看法，有點異見。即使他相信了那麼多年的事情，後來被揭露與事實相牴觸，但事件本身是真實的，而且在布拉姆的生命歷程中具有重要意義。即使該事件在這些年間遭到了更動、扭曲或誇大，難道它對這個孩子身心所造成的傷害，就無效了嗎？難道它會減輕這個兒時經歷所造成的精神創傷嗎？事實證明炸彈不是德國人投擲的，而是英國人。那麼我們對二戰兩大陣營的道德性（誰比較有道德或沒有道德）的看法，有任何改變嗎？我們「選擇」記住的不僅止於事件本身，它還伴隨著衍生而來的影響。在這個例子裡，它對布拉姆．狄克斯特拉的影響是無論他有沒有意識到，他都與當時的恐懼長年相伴了幾近八十年。他最近向我吐露，他長年以來對搭飛機感到莫名恐懼，直到他生命的末期，而戰爭正是這種恐懼的源頭。

當我讀著法國和德國等其他歐洲兒童的故事，他們飽受美英戰機的轟炸，我感到難堪，而不禁要問那些針對非軍事目標所展開的轟炸行動，是否真有其必要。無論如何，我們都必須接受盟軍轟炸了德國的漢堡和德勒斯登的事實，遑論廣島和長崎的原子彈爆炸。

史丹佛大學前校長格哈德．卡斯帕爾，依舊記得美英空軍於一九四三年七月聯合空襲德國漢堡市的情景，半個漢堡市被夷為平地，造成了約莫五萬人的死亡。卡斯帕爾在他的著作《自由的風》（耶魯大學出版社於二〇一四年出版）裡如此寫道：

我的父母親、哥哥和我在一段距離之外，看著空中竄起的火雲。在我父親的求生技巧中，包括了收聽（當然是非法的）倫敦電台的德語廣播。他從廣播中聽到了英國警告，空軍中將哈里斯即將對漢堡展開「蛾摩拉行動」，於是我的父母親趁著空襲行動展開之前，帶著我和哥哥逃到漢堡東邊三十英里遠的一處村莊避難。我們在這裡看到了「蛾摩拉」造成的橘光火雲，在地平線那頭燃燒。

我對於二戰歲月的記憶，僅存空襲和一種深層的恐懼與不安全感。只有當我們知道漢堡不是被轟炸的目標時，我們才覺得安全。我不會忘記在一個萬里無雲的清朗夏夜，當我們站在街道上看著炸彈從我們頭頂飛過時，感到如釋重負：我們「安全」了，因為根據炸彈的飛行模式和高度來判斷，它們正朝東邊鄰近的一座大城市呂貝克而去。

二戰結束時，卡斯帕爾七歲，他記得他在漢堡的斷垣殘壁中玩耍。他也記得戰後他吃著美國提供的食物援助——在赫伯特．胡佛的指示下執行，胡佛是一九二九至一九三三年的美國總統，曾經展開一段可追溯至一次世界大戰、歷時經年的海外人道救援計畫。這是卡斯帕爾第一次聽到這位美國前總統的名字，他的名字被冠在這項眾所周知、送給德國學校的援助「胡佛食物」上。誠如卡斯帕爾所寫，歷史的反諷是四十年後，他將會跟隨胡佛的足跡：「當然，無論是我還是其他人在一九四五年都想不到，我有一天竟然會成為胡佛母校的校長。沒有人會想到，我的妻子雷吉娜和我有一天會住進胡璐（胡佛總統的妻子）的家，這是胡佛家族在史丹佛校園的故居，胡佛總統在二戰結束的一九四五年，把它捐贈給史丹佛大學做為校長的官舍。」

讀著這段敘述，我嘗試設身處地想像這些被我的國家空投的炸彈而飽受驚嚇的孩童們。同時，今天我對這些事件的憎惡，並不會改變我還是孩子時，看著電視上播放著德國和日本的城市毀於盟軍空襲的新聞短片，而鼓掌叫好的事實。

回憶許多年前的往事，往往無可避免地會與我們後來陸續得知的事情摻雜在一起。舉例而言，在菲利浦．馬夏爾的例子中，他保留了村中婦女在洗衣房裡刷洗衣物的清晰記憶，以及他和姊姊們在空襲期間，驚恐地擠在外公的地下避難所裡避難，還有第一批勝利的美國士兵抵達村莊的情景。它們看似言之鑿鑿，真實無偽。但在他的其他回憶記事裡，有大人介入的痕跡。例如，在馬夏爾對反猶主義和種族主義的觀察裡，孩童可能不知道維琪政府對猶太人、黑人和其他「棕色人種」所下達的限制移動禁令。但他和姊姊們則親身經歷了種族主義，被村中其他孩子叫作「黑鬼」，對他們而言，這就足夠了。

對蘇珊・葛羅格・貝爾也是如此，她永遠不會忘記她被叫到校長室，聽到校長告訴她，她必須因為她的猶太血統而離開學校時的那一天。在她晚年，她仍然可以看見那個有著「一張通紅大臉的男人」，無法直視她的眼睛，而且聽到了「好幾次的停頓和清喉嚨」的聲音，儘管她對童年的記憶大都已經遺忘。如同她在自己的回憶記事裡的開場白，她解釋了她難以記起童年的生活無疑與那個「至今未能克服的震驚」有關，亦即她突然失去了她向來安居的家，以及「合力打造了這個家庭的許多人」。在她十一年級之前的人生，只剩「無法回復的朦朧鄉愁」。發生在校長室裡的事件彷彿從此把她隔絕在純真的快樂童年門外，展開了一段離鄉背井的慘澹歲月。

不同於蘇珊・貝爾，溫福瑞・魏斯則有驚人的記憶力，可以溯及至兩三歲的記憶。在我倆的漫長對談中，我曾一次又一次質問他的記憶的正確性。他將會從頭細訴往事，他的記憶細瑣到我必須打斷他，不禁問道：「你那時候幾歲？你怎麼會記得那麼多？你確定不是在杜撰？」他最終使我相信，所有往事都牢記在他的腦海裡，我則說服他必須寫下他記憶中的往事，而催生了《一個納粹的童年》這本回憶錄的出版。

不過，他在架構回憶錄的內容時，還添加了一些他在成人後所取得的一些史實資料。舉例而言，他確實做了廣泛的研究來證明盟軍確實對其居住的城鎮展開轟炸行動，以及造成當地災難性破壞的英美戰機機型，和一個小男孩不會知道的其他事實。雖然這些資訊賦予他的回憶記事歷史可信度，卻未改變他的基本記憶。在他的回憶錄中處處可見一個被其無異議接受的世界捲入其中的孩童，對影像、氣味、愛和恐懼的記憶。當然，他愛他的父親，一如愛她的母親，即使在他了解了自己的父親做為納粹一員所犯下的暴行之後很久，他依然把雙親的愛銘記在心。在溫福瑞的例子裡，他設法把自己的童年經歷如實重現，而不帶成人的論斷立場去指責自己的父親。反之，他沒有掩飾兒時的自己對父親的愛，也沒有掩飾他多麼以德國的軍力自豪，直到他的父親在一九四三年死於俄羅斯前線，戰局的發展逆轉，不利他的祖國。他在一九四五年春擁抱美國人，就必須摒棄他的德國過去，儘管這段記憶仍然存記在他的心中，而這樣的處境猶如置身於有毒蛇到處出沒的天堂。溫福瑞對父親的敬愛未曾稍減，他寫道：「我的父親，我的人生之謎。他本該是我學習的榜樣。

但是，他的缺席讓我的這個想望破滅。他變成了一個隱喻。每當事情出了差錯，我們就會懷念起那段只要有他在，事情總能回到正軌的往日時光。」

他也牢牢抓緊一段田園詩般的童年幻影，儘管他後來看出了當中的邪惡。

史蒂娜．卡查杜里安有個優勢，就在於她的雙親細心保存了他們在一九二六至一九四五年間的通信，許多年後，她才讀到這些信件的內容。她也到斯德哥爾摩、拉普蘭與赫爾辛基等地，查閱相關的歷史檔案，使其記憶獲得歷史文獻的支持。此外，大她六歲的姊姊，還有一位堂哥，也與她分享他們的記憶。

從本書這個小型樣本都可以看出，我們每個人的記憶力顯然存在著巨大的差異。但不論銘印在我們心中的記憶有多少，或是這些記憶的正確性如何，收錄在本書的回憶記事對於記錄它們的個人而言，具有一生之久的意義。在我看來，它們有其真實性，不論它們是否後來經過作者的加工。

儘管每一篇故事之間有許多的差異，但它們還是有一些共同的主題。除了一篇故事之外，其他故事都聚焦在戰時父親的缺席。菲利浦．馬夏爾在二戰爆發前的三個月，失去了父親，而認定自己是「孤兒」，這種自我認同將會伴隨他一生。溫福瑞．魏斯的父親死於俄羅斯前線，蘇珊．貝爾的父親則死於納粹集中營。也許我們覺得溫福瑞的父親死有餘辜，而蘇珊的父親則死得冤枉，但兩人在有生之年依舊深愛著自己的父親，思念著自己的父親。

亞蘭．布里奧特在童年期間，他的父親被德軍俘擄關押在戰俘營裡超過五年之久。羅伯特．伯格則在青春期期間與父母分離，從此未再與雙親真正團聚過，雖然他的父母最終從集中營倖存下來，定居於澳洲。史蒂娜．卡查杜里安因為父親在前線與蘇聯作戰，而承受父親缺席之苦，但她很幸運能在戰後迎接父親返家，重新過上完整的家庭生活。

父親在二戰期間的缺席並非僅止於影響到歐洲人。小威廉．塔特爾在他的這本傑作《爹地上戰場》（牛津大學於一九九三年出版）裡，提到每五個美國家庭中，就會有一個家庭成員從軍。塔特爾在自序裡敘述了父親缺席的親身經歷：

> 我出生於一九三七年，屬於大後方兒童。我的父親在一九四二年年末入伍，三年後返家；我們的生活在這段過渡時期，有了重大的變化。我記

得許多戰時的事情：我推著推車走遍我們居住的街區，收集一綑綑的舊報紙、在我們的底特律住家隔壁的停車場玩打仗的遊戲，以及跟著媽媽一起坐在廚房裡收聽廣播播報的戰爭新聞。在我的大後方世界裡，廣播和電影成了我生活中很重要的一部分……

我看見，我的小弟喬治和我在戰爭期間，生活在一個由我的媽媽、外婆和姊姊蘇珊等女人掌權的家庭裡。在我看來，我們家過著和睦、幸福的生活。但我很好奇，當我的父親從戰場返家後，我們的生活會變成什麼模樣，以及爸爸看起來又會是什麼樣子？……

我的父親返家時，我已經七歲。由於我對離家入伍之前的父親缺乏真正的認識，我無法看出戰爭對他有什麼影響……。我倆都錯過了重要的年日，而且始終無法彌合這道鴻溝。我的父親於一九六二年過世，享壽五十七歲。我相信，我們遲早會成為朋友，但我們從未有機會這樣做。這是戰爭帶給我的重要影響，而且令人傷感。

塔特爾是幸運兒，他的父親平安歸來，但即使如此，父親在年幼兒子的重要成長歲月中缺席，仍然留下了一道永遠無法修補的情感裂痕。無論是在美國還是在歐洲，父親在戰時的缺席或過世，無疑地會對孩子的心理造成傷害或陷入長期的痛苦中。為了遞補丈夫留下的空缺，母親們成了一家之主，有時候，她們的母親或姊妹也會從旁協助。許多母親也成為職業婦女。然而，如同我的母親的例子，身兼職業婦女的母親們在美國經常遭到「遺棄」孩子的批評。圍繞著所謂的「鑰匙兒」的輿論出現，批判這些兒童的母親離家外出工作（工廠或辦公室），而不是留在家裡照顧孩子，是自私的行為。

在歐洲，幾乎所有的婦女，無論有沒有外出工作，都不得不扮演先前由男人擔當的角色。蘇珊．貝爾的母親帶著女兒逃往英國，做女傭來維持兩人的生活，與其之前的身分——一個有錢律師的嬌貴妻子——相距甚遠。亞蘭．布里奧特的母親帶著全家展開令人怯步的搬家行動，從被占領的巴黎搬到「自由區」，在這裡，她除了照顧孩子，還參與反抗軍的行動。史蒂娜．卡查杜里安的母親則帶著她的兩個女兒從赫爾辛基遷徙到遙遠的拉普蘭，然後，當芬蘭拉普蘭省的情勢變得險峻，她又帶著她們搭上木船，划槳越過邊界河，抵達平靜無戰事的瑞典，並在當地的難民營找到了一份工作。

不過，如同溫福瑞的案例，母親全心全意、不辭辛勞的身影有時候是憂喜參半的事。自從他的父親在俄國前線戰死後，溫福瑞就生活在「一個女人國裡」，她們完成一切事情。他對女人的認同感，以及渴望父親的同在，將會造成他終生都渴望一個強壯、充滿陽剛味的男性人物，像是他記憶中的雷，即使他們會帶來痛苦。

在戰爭爆發初期，菲利浦．馬夏爾跟著媽媽搬家而能就近外祖父母。根據菲利浦的戰時記事，不是他的母親而是他的外公成為他的英雄。我和菲利浦這些年來有許多次談話，他很少對他的母親有好話，但他的外公、父親和教父加斯東．莫內維耶在他的記憶裡，始終是鼓舞他的男性人物。他往往理想化只出現在他的頭五年人生中、知之甚少的父親——從他的所有敘述中來看，他的父親似乎是一個令人敬佩的人物。即使如此，這種理想化已故的父親，也出現在許多其他幼年喪父的孤兒身上。後來，菲利浦對他的教父莫內維耶發展出某種形式的敬愛之情，他在菲利浦的成長時期成了他的代理父親和導師。莫內維耶與菲利浦的父親兩人一起從法屬圭亞那來到法國，當然值得受到他的尊敬。如同菲利浦在其他文章中所提到的：「早在一九三三年，他當時已經是眾議院議員，莫內維耶就在巴黎投卡德侯廣場發表演講，譴責德國迫害猶太人。為了繼續他的抗爭行動並捍衛自己的反納粹信念，莫內維耶投身反抗組織。當時，沒有人預期到他有一天會躍升為法國政治界的第二把交椅，在一九四七至一九六八年間，出任法國眾議院議長。顯然，這讓我和妹妹們深感光榮。」

只有羅伯特·伯格鮮少提到自己的父親。他早在十多歲時就與父母親分開，他設法偽裝成基督徒，在戰時的匈牙利努力活了下來。鮑伯親眼目睹了反猶太主義最恐怖的一面：猶太人遭到毒打、槍殺和溺斃於河中，劊子手不單德國納粹，也包含了匈牙利納粹。做為一個十多歲的少年，他參與反抗軍，並且設法朝納粹的巢穴丟擲手榴彈，做為報復。難怪，他會壓抑心中許多痛苦的記憶，一些往事在沉睡了五十年後，再次被喚醒，糾纏他不放。

因此，記憶自有一套邏輯。我們仰賴記憶賦予人生意義和方向。我自己對二戰的記憶，混雜著我的快樂童年，我看似生活在一個由家人、朋友和愛國主義構成的美好環境裡。只有在戰後，在得知我的母親的親戚遭到殺害的消息後，我才真正開始感受到大屠殺難以形容的恐怖。

一九四五年，我的母親西莉亞四十一歲，她從紅十字會獲悉，她的妹妹雷吉娜已經死於集中營。西莉亞日後又活了許多年，撫養三個孩子，結了四次婚並為四任丈夫送終（！），在九十二歲時，安詳過世。在死前幾個月，她告訴我，自己一直都有收到雷吉娜的來信。我嚇了一跳，跟她要這些信來看。不可能——它們被「放到不記得的地方」去了。我問她：為什麼她的妹妹之前音訊全無？我的母親給我的理由是，因為她先後嫁了四個丈夫，而她每結一次婚就改一次姓氏。我溫柔地提醒我的母親，她的妹妹在幾十年前就過世了。她拒絕相信我的話。我並沒有堅持己見不放。我的母親在她的大半成人人生裡，默默地承受著妹妹遭到殺害的記憶，後來，為了能安詳地死去，她把那份記憶改變成某個她所能承受的事情。

我認為，我在二戰結束許多年後提筆寫作本書，是出於一種虧欠感，我終其一生都欠那些代替我受苦的千百萬人。如今，當我看到還有無數人在繼續受苦時，我不由得感到絕望。即使到現在，一首寫於越戰時期的歌曲的歌詞在我的腦海裡盤旋著：「他們到底什麼時候才會懂？他們到底什麼時候才會懂？」*

---

*譯注：引自歌曲〈花兒不見了〉（Where Have All The Flowers Gone?）。歌曲作者為皮特．席格（Pete Seeger, 1919-2014），生於美國紐約曼哈頓，著名民謠歌手，是民歌復興運動的先驅，有「美國現代民歌之父」之稱。皮特．席格一直參與各種抗議活動，從民權運動、反越戰，到現在的環保活動，他的歌被不同的人翻唱，他的身影也總是出現在這些抗議活動的舞台上。

結語　成人後的戰時兒童

收錄於本書的六篇回憶錄，帶領我們進入那些在二戰時期倖存下來、而能活著長大成人的兒童們的經歷。不知何故，他們能夠把童年的記憶融入到成年後的性格裡，而沒有變得過度尖酸刻薄或憤世嫉俗。我遇見他們的時候，他們已經成為體面、事業有成、品德高尚之人。容我按照我認識成人時的他們的時間順序，再次介紹他們出場。

羅伯特・伯格在一九四七年從歐洲的一個難民營，來到美國。他只用一年的高中時間就學會了足以應付日常生活所需的英文，而且展現了充分的潛能使他獲得哈佛大學的入學許可。他繼續由此進入波士頓大學醫學院，爾後展開傑出的心臟外科醫生生涯。

他和我的丈夫歐文都還是醫學院學生時，就成為了好朋友，而且始終保持緊密的來往直到鮑伯於二〇一六年過世。這段友誼也包括了我和鮑伯的妻子佩蒂，我們會定期在波士頓或是伯格在麻州鱈魚角的夏季避暑寓所，有時候也會在我們位於加州帕羅奧圖的家。

他的戰時經歷主要聚焦在他的成年認同感。其中，他之所以選擇從事醫學，以心臟外科做為專科，源自於他想要對抗他在青少年時期所目睹的暴行。他曾經告訴我，在目睹了人類可以如此輕易地被殘忍殺害，能夠修復生命賦予了他的人生基本的意義。

鮑伯有幸娶了一個和他一樣深富道德使命感的妻子。佩蒂．伯格也是醫生，科別是內科，而且還肩負起教養兩個女兒的主要責任。鮑伯是醫生裡的拚命三郎，看診和開刀的病患數量龐大。他工作過度，進行重要的研究，出版數百篇學術論文，以及被拔擢為波士頓大學醫學院的外科教授。

羅伯特·伯格、瑪莉蓮·亞隆與歐文·亞隆，於一趟前往貝里斯的熱帶之旅，約攝於1990。

佩蒂在宗教信仰上做了重要的讓步，她改信猶太教。這絕不是一個理所當然的選擇，因為她的祖父哈利．艾默生．福斯迪克可是上曼哈頓河濱大教堂著名的牧師，這間教會在社會行動主義方面具有悠久的歷史。鮑伯很驕傲地稱呼他的妻子和強健的岳母（已經一百零八歲！）為「洋基人」，有了她們的相伴，他在美國找到了真正的家。

但是，鮑伯對二戰的恐怖記憶從未離開他。他飽受夢魘所苦，不時陷入憂鬱症的泥沼中。我們從他與歐文的合著中，得知那些他最難忘懷的經歷被壓抑了超過半世紀之久，直到他在一次海外出差行程中，面臨了一個新的迫切危險，這些被壓抑的記憶才又回來。他透過開心手術超越戰時的記憶，每當他手握著活生生的心臟為之按摩，或是移植心臟時，他彷彿再次經歷了遊走於生死一線間的生活。藉由這種方式，他得以平撫做為倖存者的罪惡感，象徵性地修復了他在年少時期目睹暴行所導致的心理創傷。

鮑伯找到了一種方法，與自己長達數年之久的憂鬱症奮戰。當他無法再執刀的時候，他運用他的醫學方法論知識，針對二戰時期納粹醫生在集中營所進行的一些所謂醫學研究展開調查，進而證實了這些研究漏洞百出，以致研究結果錯誤叢生。這不僅象徵他戰勝了自己戰時的敵人，同時，也幫助他重拾心靈的平靜，他要繼續醫生工作，勢須保持心理的穩定。

我在一九六六年與**史蒂娜・卡查杜里安**和她的夫婿賀蘭特初次見面，賀蘭特當時獲聘至史丹佛大學精神病學系任教，我的先生已經在該系任教。我們（包括我們的孩子班和妮娜）成了朋友，持續至今。

我從一開始就很清楚，史蒂娜過著一種多文化和多語言的生活。身為芬蘭說瑞典語的少數族群，她在瑞典和芬蘭展開雙語生活。她在學校，學習德語、英語和法語，之後，她遷居不同的國家，學會說當地語言。她的大三生活是在美國度過，畢業後，前往祕魯從事社會工作將近兩年，同時也在這段過程中練就了流利的西班牙語。她後來遠赴黎巴嫩，在當地認識了她的亞美尼亞籍丈夫，因此她的語言清單中又新增了亞美尼亞語。

史蒂娜身兼記者、文學翻譯家和作家於一身。她出版了幾本英文譯作，她把瑞

史蒂娜．卡查杜里安，約攝於2013。

典詩人伊迪特．索德格朗、瑪塔．提卡寧和圖阿．福斯特倫的詩作翻譯成英文，也出版了論述女性生活的散文著作。她除了寫了一本戰時回憶錄，還根據她的婆婆以亞美尼亞文寫作而由她的兒子賀蘭特翻譯成英文的一本紀實文學作品《艾佛妮雅：一個亞美尼亞人的愛情故事》（一九九三），寫了一本極富原創性的著作。她還出版了一部劇作、一本瑞典童書，這份清單很快又加入了一本跨文化食譜。

這些我都知道。但我是在讀了她根據自己的記憶，以及她的父母親的通信所寫下的戰時回憶錄之後，才開始了解她是如何蛻變為現在這個富有同情心和同理心的人。她的經歷讓她深切了解身為難民到底是怎麼一回事。她有一些朋友在二戰期間失去了父親。她曾躲在防空洞裡，又怕又冷。她也能體會那種不知道明天會迎來什麼的感受像什麼。她深刻體悟到生命的寶貴和脆弱。

我認為，那是為什麼史蒂娜後來透過當記者、在祕魯從事社工，以及參與國際特赦組織和全球婦女基金會等組織，來撫慰人們的痛苦。能夠從二戰倖存下來，讓她滿懷感恩，因此只要看到哪裡有需要，她隨時樂意伸出援手。

史蒂娜是個世界旅人，她陪伴丈夫（偶爾是協助丈夫）周遊世界，執行史丹佛大學交付他的教育任務。不過每年夏天，她都會回到芬蘭外海的一個小島，她的家族在這裡有一個已經相傳四代的夏日度假屋。她與賀蘭特在二〇一九年一起在這裡慶祝兩人結縭五十五周年。目前，她在兩個孫子的陪同下，在一處森林撿拾做派的藍莓食材，在二戰期間，她的母親也在同一個森林裡撿藍莓，來餵養一家人。

溫福瑞・魏斯在十八歲時從德國來到美國，與嫁給美國大兵的姊姊住在一起。他進入北卡羅萊納大學就讀，畢業後，進入哈佛大學念研究所攻讀比較文學，因此我們在一九六〇年代中期聘任他來我任教的加州州立大學海沃德分校*。「從哈佛到海沃德。」他曾若有所思地自嘲說道。

從我們相遇的那刻起，溫福瑞和我之間便擦出了德國人所謂的「親合力」（Wahlverwandtschaft / elective affinity）†火花。我倆擁有相仿的文學和文化興趣，因此有了一場生動活潑的對話，而這一聊就是二十五年。我被他的黑髮英俊外表所吸引，與我看過的卡夫卡照片有某種奇異的相似性，這並非偶然。日後，我將會明白在他的英俊外表下，潛藏著一口真實的卡夫卡式悲痛之泉，而這來自於他在二戰時期的童年經歷。

一九六六年，在他二十九歲生日那天，我親手做了一個生日蛋糕為他慶生，我們一起在他住處附近的花園享用完畢。然後，他告訴我一個出乎我意料之外的事情。他的父親是一名納粹。他在三十多歲的時候加入了國家社會主義黨，是一名納粹警官，一個如假包換的活躍納粹黨員。

我默默地在心中譴責自己：我，一個有親戚在德國的死亡集中營裡慘遭殺害的人，怎麼可以和一個納粹黨人的兒子吃著生日蛋糕？恢復鎮定後，我開口問他：「他經歷了什麼事？」他的回答將會為他在許多年後出版自己的回憶錄，揭開序幕。

溫福瑞是廣受學生歡迎和同事喜愛的外文系教授。他恰恰完成了為要升等而出版的足量學術論文，但他的真正才華是在創意寫作上，這從他已出版的回憶錄《一個納粹的童年》以及死後出版的《車站》等其他作品中，獲得證實。

許多年後，溫福瑞才告訴我，比起女人，男人更吸引他（當然，這使他在納粹德國成了不受歡迎人物，處境不比我的猶太親戚好到哪裡去）。他雖然也與女人約會，也有幾段認真的異性戀戀情，但他坦承男人對他而言要更重要，他無法想像自

---

*譯注：二〇〇五年改名為加州州立大學東灣分校。

†譯注：歌德有本小說《親合力》（*Die Wahlverwandtschaft/ Elective Affinity*），借用自然科學領域中「親合力」的概念，原意是指化學元素會因為彼此接近引起化合作用，而從元素的原始關係內脫離，與另一元素結合產生新元素。此一化合作用被歌德延伸用來隱喻愛情關係，解釋愛情關係中自由與必然性的問題。

溫福瑞·魏斯、瑪莉蓮·亞隆，與她的兒子雷德（站立者）、班吉（懷中者）於亞隆家，約攝於 1973。

己要步入婚姻，因為他知道他不會放棄與其他男人發生性關係。他確信他對男人的固戀，形成於一九四五年美國大兵的來到，以及他和雷的奇異邂逅，儘管這種傾向也許始於更早之前。

時間倒轉到一九七三年，溫福瑞與羅伯特・海戈皮恩（鮑伯）初次相遇，一如我為《車站》（Mosaic 出版社於二〇〇〇年出版）一書所寫的序裡所言，我覺得遇見鮑伯是發生在溫福瑞人生中最美好的事。在與一連串大都不適合的情人交往後，溫福瑞找到了在文化品味和智識上與其媲美的伴侶。鮑伯是音樂博士，也是個才華洋溢的傑出鋼琴家，當然，他的性情也讓他充滿魅力。一九七〇年代，當男同志在舊金山灣區出櫃後，溫福瑞和鮑伯便成了一對「公開」的情侶。鮑伯的美國家人沒有太多疑慮就接受了溫福瑞，兩人相互廝守了近十年之久，過著幸福的生活。

我們當時怎麼會料知，一個致命的疾病將會降臨在一整個世代的男同性戀者身上，而只留下少數倖存者？連醫學教授都對此疾病束手無策。我記憶最深刻的事，是從鮑伯第一次住院那個令人無語的一九八三年夏天，到一九八四年夏天鮑伯去世時的那段期間，溫福瑞不離不棄地守護著他。我幾乎沒有看過有哪個人——不分男女伴侶——可以用始終如一的愛，悉心照顧著來日無多的伴侶。

溫福瑞在鮑伯過世後，繼續教書、旅行和寫作，但他已然失去了對生命的熱情。溫福瑞在一九九一年罹患愛滋病，他的病情急轉直下。我們在十一月十日慶祝他的五十四歲生日，我們仍然盼望著奇蹟出現。他在兩個星期後病逝。

戰後，**菲利浦．馬夏爾**與家人搬到巴黎，他和兩個妹妹被安置在寄宿學校。他原本有意上研究所攻讀數學，但孱弱的健康狀況導致他的希望破滅。有一段時間，他的生活受到精神崩潰的影響，同時間，他還住院接受肺結核治療。菲利浦是第一個承認他的戰時經歷在他身上留下了明顯印記的人。最後，他得以進入巴黎政治學院就讀，一所以國際研究見長的高等學府，其創校宗旨是為法國培育政治領袖。這促使他後來進入法國參議院附設組織工作，他的教父加斯東．莫里維耶當時已經是參議院重量級人物。

我在一九七〇年代中期與菲利浦初次會晤，他當時是法國參議院文化服務組組長。在超過四十年的公職生涯中，他最後晉升為參議院圖書館館長，這個聲望崇隆

菲利浦·馬夏爾與瑪莉蓮·亞隆，造訪作家夏多布里昂於沙特奈馬拉布里的故居，約攝於2010。

的職位肩負重任，而且具有重大影響力。凡是有關參議院本身的問題被提出——諸如參議院的歷史、建築物、土地和藝術收藏等等，都會得到千篇一律的答覆：「去問馬夏爾。」

菲利浦不僅出版有關參議院的著作，還出版了詩集，包括這本榮獲法蘭西學院文學獎項的詩集《演奏會》。在他的詩作中，有個主要主題就是戰爭，這並不令人意外。他在公職生涯中的傑出表現，讓他獲頒法國政府頒授的法國騎士勳位榮譽軍團勳章，也是獲頒軍官勳位藝術與文學勳章的官員，他還獲頒高等騎士勳位國家功績勳章。

我們已經從節錄自**蘇珊・貝爾**自傳的故事中，讀到她和她的母親在希特勒併吞蘇台德地區後，如何在一九三九年從捷克逃離至英國。大致上，蘇珊在英國度過了愉快的青少年時期，但在戰爭結束後，她努力要找出自己的出路。返回捷克的行動證明並不成功，當她回到英國後，染上了肺結核，在醫院住了將近一年的時間，接受療養。在結束了短暫的第一次婚姻後，她遇到了英國物理學家羅納德・貝爾，並在一九五九年結婚。沒有多久，羅納德獲聘至美國西岸任職。

一九六四年，她當時年約三十五歲，取得了史丹佛大學歷史學士學位。史丹佛大學基於年齡考慮，拒絕了她的歷史研究所博士申請計畫，她轉而申請當地一所規模較小的大學聖塔克拉拉大學，努力取得碩士學位，她鑽研自學女性的書信。這項研究最終催生出一本探討女性歷史的先驅性教科書的出版，書名是《女性：從希臘時代到法國大革命》。

我在一九七六年遇見蘇珊・貝爾，我當時在史丹佛大學新創立的女性研究中心（後來改名為克萊曼性別研究學院）擔任高層職位。基於她有女性歷史方面著述的紀錄，貝爾成了我們中心所指定的第一批附屬學者之一。她和我有許多共同興趣，

蘇珊·貝爾，照片取自其著作《世界之間》，傑瑞·鮑爾攝，1990。

我們因此成了親密的好朋友，直到她於二〇一五年離世。

在一九八〇和九〇年代，蘇珊和我共同教授了幾門課程，我們還一起籌辦了一個研討會，這場會議促成了一本書的出版：《揭露人生：自傳、傳記和性別》。由於她有個跌宕起伏的人生，撰寫回憶錄對蘇珊而言，似乎是順理成章。當她把自己尚未完成的手稿拿給我看時，我敦促她要克服英國式的保守作風，而要把內心的情感更多流露出來。我必須說服她寫下有關她的父親的死亡，內容不拘。最後，她用高度克制的筆觸，描寫了她拿到父親之懷錶的往事，來表達她的深層失落。她最後完成了一部作品，描寫了發生於那段形塑了她的人生的歷史背景裡的私人故事。

蘇珊沒有生孩子，不過，她協助丈夫羅納德・貝爾養育他與前妻生下的孩子，而與繼子的家庭有親密互動。遺憾的是，他們夫妻倆在結婚十五年後，婚姻出現裂痕，主要是羅恩想要定居英國，而蘇珊想要留在加州。兩人最終以離婚收場。

約莫在這個時候，一件出人意料之外的事情改變了她的人生。她接到一通史丹佛大學歷史系教授彼得・史坦斯基打來的電話，當初正是該系拒絕了她的研究所入學申請。他邀請她參加在史丹佛大學所召開的太平洋海岸聯盟不列顛研討會。這場會議不僅承認她在女性研究上的先鋒地位，也促成她與彼得．史坦斯基擦出愛火，這段親密關係一直維持到她離世。

他們聯袂參加探討英國歷史的不同研討會，在加州和倫敦探望彼此，她保留了她的母親在倫敦的公寓。他們一起遠赴捷克探訪她的故鄉。蘇珊終於找到了她的理想伴侶，她在許多場合都告訴我彼得是她生命中的摯愛。直到人生將盡時，在經歷了早年諸多災厄和悲傷之後，她確信自己是幸福的。

我在二十一世紀之初結識**亞蘭．布里奧特**，我當時在巴黎有間產權半擁有的公寓，我在每年的春天和秋天都會在此住上幾星期。亞蘭就住在離我只有半個街區遠的地方，我倆很快就發現我們有許多共同的興趣，例如法國劇場。我倆的新生友誼把觸角向外延伸，納入了我的朋友菲利浦．馬夏爾，我們形成了一個鐵三角，最終共同促成了本書的誕生。

亞蘭如今已從其傑出的外交官生涯中退休，誠如他在二〇一六年出版的回憶錄《無限期》中的描述，他「無疑是被揀選來回應戰爭的恐怖」。他早在二〇〇七年

亞蘭·布里奧特擔任法國駐美波士頓總領事期間（1985-1990），攝於 1989。

便出版了《波士頓，我的美好冬天》的法文原著，但直到二〇二〇年才有英譯本上市，這是一本短篇故事合集，靈感來自於他在一九八五至一九九〇年間出任法國駐美波士頓總領事期間的見聞。之後，他陸續出任法國駐緬甸、芬蘭和孟加拉等國的大使。二〇〇六至二〇一二年，擔任龐畢度中心主祕。法國政府於二〇一一年頒授法國高等騎士勳位榮譽軍團勳章給他，以表揚他的功績。

二戰結束五十年後，他在出任法國駐芬蘭大使期間，第一次親眼看到波羅的海，他的思緒翻騰，想到他的父親被關押在波美拉尼亞——這裡地處德國和波蘭北部地區，俯瞰波羅的海。如同他寫道：「波羅的海曾經衝擊我的童年。它是我的家族歷史的一部分。從葛羅斯－柏恩到阿恩斯瓦爾德，我的父親從未離開波羅的海的範圍。」《無限期》這本回憶錄是向那些已被法國歷史所遺忘的人——他的父親和其他被囚的軍官戰俘——致敬的作品。

我最近問亞蘭，父親在他的童年缺席，帶給他什麼樣的長遠影響，他把他擔任法國駐緬甸大使期間，有一次從法國返回仰光途中所發生的事情，寫成下面這段文字，寄給了我。

一九九二年九月初，我人在戴高樂機場，我趁著等待返回仰光的班機的空檔，打了一通電話給父母親。電話另一頭是我的父親，但通常接電話的是我的母親。他的低沉聲音——他在一九四五年五月獲釋返家時，他的低沉聲音令我印象深刻——從電話一頭傳來，聽起來似乎更顯疲弱。他說：「你媽媽和我一直在等你的電話。」我怎麼覺得是他在等我的電話。

他繼續說著，但他的聲音彷彿是來自其他地方，彷彿在說話的是別人。「我希望你沒有落掉任何東西。日後寫信要用的郵票都帶夠了嗎？你媽媽和我總是迫不及待地等著你的來信。我們一收到信，就會唸給你的姊姊聽。」

一陣短暫沉默後，他似乎恢復了呼吸，繼續說：「祝你旅途平安。」然後，他用不大自然的聲音說：「謝謝你為我所做的一切。」

不久，我的父親在一九九二年十月一日辭世。

我有很長一段時間都在試圖釐清，他的最後一句話究竟是什麼意思。我後來找到了一個讓我安心的解釋，如今，這個答案在我看來似乎再明顯不過了。

我的父親感謝我始終對他表現出最大的尊敬。我一直認為這個男人——沒錯，是「男人」而不是「父親」——是個英勇無畏的人，高度誠實、努力工作、仁慈善良。小時候，我是個乖寶寶，稍長，我成了一個膽怯、用功的青少年。我相信，我在這段時期從未違逆他的決定，我的哥哥和姊姊就不一樣了，他們生性叛逆，需要強烈展現自己的個性。身為男人，我在做學業和生涯發展上的決定時，都會徵詢他的意見。這份尊敬伴隨著一種疏離，自從他返家後，我和他之間一直保持著這種情感上的疏離。我們並不想改變或是加深這種疏離感。我的父親放手讓我隨心所欲過我自己的生活。他有一天跟我說：「你是個認真的傢伙。我對你有信心。」

我們之間有個沒有言明的默契——互相尊重。我尊敬這位隊長。

亞蘭．布里奧特在這段敘述裡，沒有提到一個父親在被俘五年後返家，對其心理產生的種種影響。他在《無限期》這本回憶錄裡，則對此有清楚的探討。一九四五年，他的父親在一個結構重組的家庭裡，已然失去了他的特權地位；是布里奧特太太在承擔婚姻裡的多重苛刻義務。

此外，鬱鬱寡歡所造成的麻木冷漠、早年所受的苦難導致他與家人分離，都使亞蘭的父親發展出了一個保護殼，導致他無法與兒子交心。亞蘭曾私下告訴我和菲利浦，他和父親之間無法暢所欲言。整體而言，他在童年時期，可以說是由他的母親獨力養育，因此沒有受到父親的影響。如同塔特爾在《爹地上戰場》一書裡以自己為例，說明父親的缺席對他造成了終生的影響，而且有數百萬人都經歷了和他一樣的遭遇。

這六位戰時兒童，我只認識成人時的他們，他們全都經歷了戰爭的恐怖，但對於當時生活在大西洋彼岸的我而言，戰爭的恐怖只是聊備一格而已。我們差不多出生於同一時期——一九二六至一九三八年間，但戰爭對他們而言，卻是他們童年時期的主事件，而且持續消磨他們到中年和老年。對於童年時期的我來說，戰爭是發生在「彼岸」的事情，儘管我也關心美國士兵、盟軍和生活在英國和波蘭的親戚的命運。二戰結束後，當我第一次來到法國時（然後，在我的餘生中，我將不斷重返這裡），我有意或無意地尋找那些與我年齡相仿並親身經歷戰爭的人，我想要知道他們是如何活下來的、是誰保護了他們，以及他們是否從宗教或其他機構找到了慰藉。

我這些出生於歐洲、定居於美國的朋友們，大部分都在大學裡（我與他們結識之處）找到了一個成人社群；就我自己的人生與大學的連結來看，這樣的發展倒不令人意外。鮑伯・伯格繼續留在波士頓大學醫學院，溫福瑞・魏斯則待在海沃德加州州立大學（已改名為東灣加州州立大學）。史蒂娜・卡查杜里安和蘇珊・貝爾雖然不是史丹佛大學的教職員，但絕對是史丹佛社群的一份子。我們任教或合作的大學提供了我們另外一個「家」，對於始終未婚，也沒有自己的家的溫福瑞而言，更是如此。我的法國朋友們獲得了政府機構所提供的終身職，和某種替代家庭（ersatz family）。我知道，菲利浦雖然已經退休多年，但直到今天仍然會定期和以前的老同事碰面，甚至會一起旅行。

至於宗教上的支持，在這六個人當中，因人不同而有很大的差異。亞蘭・布里奧特追隨母親的信仰信奉天主教至今，但菲利浦・馬夏爾就不同了，他在很小的時候，就對天主教教義產生質疑，他後來成為一個公開的無神論者。溫福瑞・魏斯則一頭栽進美學和天主教儀式中——他經常上教堂聆聽聖樂或聖歌，有時候也會為逝者點上蠟燭。儘管他不認同絕大部分的天主教教義，但他會在每年的歐洲之旅中，安排一趟避靜行程，前往義大利亞西西城，與修士一起生活。在他過世後，我做為他的遺囑執行人，寫了一封信給聖達勉堂的薩爾瓦多神父，我收到了一封回函，說薩爾瓦多神父會「遵照他的生前懇切所願」，繼續為溫福瑞祈禱。

儘管有猶太血統，蘇珊・貝爾從小被教養成一個新教基督徒，在我認識她的時候，她不再信奉任何宗教，不過，她每年仍然熱切期待著與親近的天主教好友們一起慶祝聖誕節。羅伯特・伯格是所有人裡面因為生而為猶太人身分，而經歷了最多的苦難，但依舊堅持他的猶太人身分直到他離世。史蒂娜・卡查杜里安成長於一個路德教派家庭中，他們每天都會進行例行的晚禱，以及慶祝聖誕節。當她還是個小女孩的時候，她曾感到懷疑而納悶著：「為什麼上帝要創造俄國人？」她一生都浸淫在宗教藝術和宗教音樂中，完全不排斥上帝的存在。

如今，我的這些朋友泰半都已離世，我自己也已經是風中殘燭，來日無多，為了不讓世人遺忘二次世界大戰的教訓，我感受到一種迫切感要出版這些回憶記事。兒童成了最佳的見證人。他們是無辜者，與長輩的暴行無干。即使生活在今天這樣一個暴力充斥的世界裡，我們只要寄希望於兒童，他們仍然會帶給我們希望。

後記

我的母親瑪莉蓮・亞隆於二〇一九年十一月辭世，適逢本書完成期間。當我們都知道她來日無多時，她囑託我完成本書手稿後續的編輯工作。細讀整本書稿後，我被裡面收錄的故事所震撼和感動；不僅如此，我也經常因為在這個過程中對這些背景殊異的作者們有了更多認識而欣喜，因為我從小就認識他們當中的許多人。究竟是什麼原因造就了這本特別的合集如此與眾不同，我為此思索良久。市面上並不缺有關二次世界大戰的論述，和兒童對戰爭的恐怖記憶。而且，相關的學術研究從心理學到歷史學等許多不同的領域，已經汗牛充棟。既然如此，為什麼還要出版這本書、這本人物合集呢？

我在此僅能就我個人的觀點表達我的看法，把貫穿本書所有記事的主線與我對我的母親的認識加以連結；而且有可能的話，我會透過我對這些作者的認識，在此提供更多線索或資訊。

我的母親是個學者，喜歡獨自一人長時間泡在圖書館的書架區或是家中書房，與書籍和思想神交。也許，有人會預期一個如此博學多聞的靈魂，生性內向。恰好相反，她喜歡與人來往、擁有「好人緣」，她有一大群同行，她對他們的工作興趣盎然。她總是計畫好要和一個朋友去散步，而且她無時無刻不在閱讀某人的手稿或是新出版的著作。本書所有作者都透過某種方式與這個人際圈相連結。

我成長於這個鄰近史丹佛大學校園的高菁英份子世界裡，我的雙親在這裡結交了一群卓越的知識份子、充滿魅力的作家和成就非凡的醫生和科學家友人。這主要歸功於我的母親對那些擁有活躍、開明心智的獨特人物興致勃勃。他們當中的許多人具有造詣深厚的專長，不僅如此，他們全都具備了某種特質：對世界充滿好奇心，而且知識淵博，橫跨不同領域，而能以宏觀視野對事件做出精闢的解析。

這種特質無疑普見於這本精采的故事合集裡。書中的主人翁全都從宏觀的視角來看世界。這些故事兼具個人色彩和世俗性，而交織出了這本內容豐富、多元和富有強烈人道情懷的著作。

在我母親的大力促成下，他們得以聚集在一起，這一點都不奇怪。她的一個本領就是幫助別人能夠暢所欲言地表達自己的想法。她對人、他們的經歷和體悟深感興趣，她是個「套話」高手，讓人幾乎在不經意間就向她吐實。

我認為，在她的所有著作裡有個最具代表性的特質，就是她的連結能力，她能夠把特定的事件或想法與歷史或文學裡一些更宏大的觀念相連結。舉例來說，在《多情之心》或《女王駕到：西洋棋王后的歷史》裡，她能夠從一個簡單的概念出發，對歷史和一些觀念展開更精采的探討。以我自己的一個經驗為例：我與舊金山一個小型實驗劇場「傻瓜暴怒」共同合作了二十年之久。有天晚上，我邀請我的雙親主持一個戲後討論會，在法國劇作家法布里斯・邁樂科尤的劇作《聞所未聞的世界》演出結束後，緊接著展開。那是一齣讓人發噱的荒誕劇，故事設定在一個坐落於樹根之間的奇幻城市，這裡是生者死後靈魂的居所。這座城市也有個石膏博物館，收藏了世界上每個最早面世物件的模型——第一部腳踏車、第一本書、第一個殺人兇手的手。它們對於劇情至關重要，在排練時，試驗這些東西是非常有趣的獨特概念。

但在戲後的討論會上，沒多久，我的母親便進一步把這部戲劇連結到柏拉圖的理型論，把這個地下世界與柏拉圖的洞穴寓言相連結。她花了十到十五鐘的時間，把這部看似輕鬆詼諧的荒誕劇深植於西方哲學和文學的土壤中。

後來，有兩個演員告訴我，這種分析令他們大感驚奇和佩服，而他們在我們調整劇本的時候，完全沒有這種聯想。我聳聳肩。這種腦洞大開的玩興，在我母親的餐桌上早已是家常便飯。難道不是家家戶戶都如此嗎？（我自己有三個孩子，在他們開始亂扔食物、在房裡到處亂跑，和堅持要看電視之前，我無法說動他們乖乖地坐在餐桌前九十秒。拜他們所賜，才讓我更加認清了現實。）

把不同觀念相互連結，而能夠對事物的面貌有更全面認識的傾向，當然不是我的母親所獨有，也普見於書裡的每一篇故事。每一位作者把他們對戰時的童年回憶呈現在我們眼前，每個故事各有不同的特定主題和事件——一個橡皮圖章或是一個想像中的朋友、在一次空襲的夜晚期間，瑟縮地躲在潮溼的地窖防空洞裡，或是因為莫須有的罪名從小學被退學。但是，這些故事都是透過成人的眼光娓娓道來，由一群富有深刻洞見的人物來訴說他們的故事，充滿了感悟和自省的色彩，而且構成了一種萬花筒般的視角，來看待充滿創傷的童年。

這種融合不同觀點的能力——把率真的兒時聲音以及爾後更富深刻反思的成人聲音合而為一，是一部偉大著作的特質之一。此外，本書真實地見證了我的母親對文學的熱愛、見證了我們家中的牆壁，從地板到天花板都是由她和我的父親兩人共同用一本本的書堆砌而成的厚實書牆，以及在周末閱讀《泰晤士報文學增刊》和《紐約書評》。

我的母親和我的父親歐文．亞隆在初中相遇。他們結縭六十七年。回想他們的婚姻之所以能夠歷久彌新的原因，我的母親總是把它歸功於我的父親具有「強大的愛人能力」。雖然她把主要功勞歸給我的父親，她自己在這項特質上其實也不遑多讓，這是無庸置疑的。

愛與同理心是緊密交織在一起的，這本合集裡的所有作者都有一個深富同理心的靈魂，充滿溫暖與愛。我們做為讀者何其有幸，能夠閱讀這一系列見解深刻的記事，充滿觀察力和智慧，以及一種深刻、悲憫的人道精神。讓我們打開心和腦來閱讀本書吧。歸根結柢，我認為就是這種結合成就了本書如此與眾不同。

在我看來，這本合集還彰顯了一個重要因素，我認為那是我的母親無心插柳所致。我們看到了一群傑出的人物，他們成為外科醫生、教育家、外交官和作家，傾盡一生發揮重要的影響力。他們沒有像許多人一樣被戰時的創傷所擊垮，這些經歷反而孕育出他們不凡的人格，諸如渴望貢獻一己之力，對社會產生持久的正面影響力，而展現了一種助人賦權的遠大抱負，以及一種深刻的溫暖和善意。鮑伯・伯格在戰時經驗的驅策下，成為一名心臟外科醫生，以一種最直接而原始的方式，竭盡他所能搶救許多人的性命；亞蘭・布里奧特成了法國使節，在國際間穿梭折衝，致力於化解國際衝突；史蒂娜・卡查杜里安則窮盡數十年歲月，透過寫作和譯著養成跨文化的理解能力。

如果沒有這些戰時經歷，誰知道他們會成為什麼樣的人呢？我只能說，這些童年記事傳達了他們當中許多人之所以成為今天的他們的根源；此外，戰爭的壓力或許也扮演了催化劑，而催生出他們人格中一些最好的特質。我們經常想起在一次世界大戰中對抗軸心國而犧牲生命的士兵，而稱他們為「最偉大的世代」。但對那些被戰爭剝奪了童年的天真歲月、而成長於戰爭的驚恐中，卻仍努力緊抓住希望不放，以彰顯這世上偉大事物的人，我們又該如何稱呼他們呢？

我的母親在她人生的最後幾年，對於世界的現況，以及看到我們的國家正走向民粹主義，深感絕望。她認為當前的美國政治是一股令人心痛的倒退力量，阻礙了女權的進步，因為她曾經為提升女權奮鬥了數十年；也是讓少數族群的權利倒退的力量，而且展現了一種吝嗇、負面的精神，正滲透進她所摯愛的這個國家的結構裡。在布雷特．卡瓦諾的大法官任命聽證會*召開期間，我正好去探望我的母親，我有天早上要吃早餐的時候，發現她喝著早茶，看起來心事重重，極度不安。她告訴我，她做了一個噩夢，夢裡，有一群老白男對她大聲咆哮。至於這個夢的意涵應該不用我再贅言細說了！

這個時代會走向哪裡，猶未可知。儘管我們在美國境內不大可能會經歷「熱」

*譯注：二〇一八年九月，川普總統提名的大法官人選卡瓦諾遭到性侵指控，參議院舉辦聽證會針對這起發生於八〇年代的一起青少年時期性侵疑雲，召開聽證會。

戰，但我們的孩子將會深受他們在這段時期的經歷所影響。看著我自己的幾個孩子努力著要理解這個世界，我嘗試以能夠幫助他們理解的語彙，向他們解釋他們所看到的事情：黑人被警察殺害的事件層出不窮，而警察本應是保護他們的人民保母、憤怒的群眾叫囂著醫生是殺人凶手，或是在距離我們這裡三十五英里遠的地方——美墨邊界，我們正拆散數以千計的兒童與他們的家人分開，卻不承諾他們會與家人團聚。或許，我的母親所帶給我的一個盼望，就是這些可怕的經歷也會孕育出卓越的發光靈魂，如同她結交的這群朋友。

我的母親生前與書中許多作者共同合作，協助他們擴展故事、編輯手稿，以及扮演啦啦隊，鼓勵他們。參與本書手稿的編修讓我和我的母親進行了一次奇妙而美好、又充滿傷感情緒的交流。我由衷感謝能有這個最後的合作機會。

班．亞隆

寫於二〇二〇年六月

致謝

二〇一八年十月，亞蘭・布里奧特、菲利浦・馬夏爾和我三人齊聚巴黎期間，有了出版本書的構想。我們每一個人將會負責執筆其中一篇回憶記事，我也將負責邀集其他同為二戰兒童的朋友們的故事。我回到美國後，亞蘭和菲利浦則透過電子郵件陪伴我度過每一次的寫作及編輯階段。

史蒂娜・卡查杜里安不僅貢獻了一篇自己的回憶錄，還閱讀了本書的手稿，並提出重要的修改建議。

在本書手稿差不多完成之際，歷史學家瑪麗・費爾斯蒂娜（Mary Felstiner）就內容提出了詳盡的點評。增加最後一章，概述成人後的戰時兒童的近況，便出自她的點子。在我竭力編輯本書為一本意義深遠、可讀性高的著作的過程中，我很感謝她這一路以來的堅定支持。

我的文學經紀人珊卓・戴克斯特拉（Sandra Dykstra）一如既往，給予我極大的鼓勵。

最重要的是，我的丈夫歐文・亞隆所給予我的情感支持和充滿文學氛圍的環境，我們在漫長的婚姻生活中一起浸淫其中。

英文版編者按

誠如我在後記所提到的，我的母親瑪莉蓮．亞隆在她離世之際，把完成本書的任務交託給我。為了完成她的遺願，我重新向本書的許多作者和朋友們介紹我自己。其中幾位作者，我可以直接打電話請教他們一些問題。在其他情況下，我只能求助於原始資料，以及我個人的童年記憶。我要向以下人士致上我最深的謝意：史蒂娜．卡查杜里安、菲利浦．馬夏爾、佩蒂．伯格和瑪麗．費爾斯蒂娜，他們協助我完成本書後續的編輯工作，還有我的妻子安妮莎．亞隆，在其他每一方面給予我的全力襄助。

版權出處

第二章英文版譯自亞蘭・布里奧特著作《無限期》，獲得 Éditions Illador 出版社同意轉載。

第三章獲得菲利浦・馬夏爾的同意發表。

第四章節錄自溫福瑞・魏斯著作《一個納粹的童年》，獲得 Mosaic Press 出版社同意轉載。

第五章節錄自史蒂娜・卡查杜里安著作《拉普蘭國王的女兒》，獲得 Fithian Press 出版社同意轉載。

第六章節錄自蘇珊・葛羅格・貝爾著作《世界之間》，獲得 Laura Mayhall 同意轉載。

第七章節錄自歐文・亞隆著作《我要呼叫警察》，獲得 Basic Books 同意出版轉載。

第八章中，節錄自小威廉・塔特爾的《爹地上戰場》引文，獲得牛津大學出版社同意轉載。另外一段引文，則獲得布拉姆・狄克斯特拉的同意發表。

索引

文獻

一畫

三畫

四畫

五畫

六畫

七畫

八畫

九畫

十畫

十二畫

人名

五畫

六畫

七畫

八畫

九畫

十三畫

十四畫

十五畫

十六畫

十七畫

十八畫

十九畫

二十畫

地名、建築

六畫

七畫

八畫

九畫

十畫

十一畫

十二畫

十三畫

國家、語言和組織、機構

十一畫

十二畫

十三畫

十四畫

十五畫

十六畫

貓頭鷹書房 465

天真的目擊者：二次大戰的孩子們最後的回憶錄

作　　者　瑪莉蓮・亞隆
譯　　者　劉卉立
選書主編　張瑞芳
責任編輯　李季鴻
編輯協力　李鳳珠
校　　對　林欣瑋
版面構成　張靜怡
封面設計　兒日設計
行銷統籌　張瑞芳
行銷專員　段人涵
總 編 輯　謝宜英
出 版 者　貓頭鷹出版

發 行 人　凃玉雲
發　　行　英屬蓋曼群島商家庭傳媒股份有限公司城邦分公司
　　　　　104 台北市中山區民生東路二段 141 號 11 樓
　　　　　劃撥帳號：19863813；戶名：書虫股份有限公司
城邦讀書花園：www.cite.com.tw　購書服務信箱：service@readingclub.com.tw
購書服務專線：02-2500-7718~9（周一至周五上午 09:30-12:00；下午 13:30-17:00）
24 小時傳真專線：02-2500-1990~1
香港發行所　城邦（香港）出版集團／電話：852-2877-8606／傳真：852-2578-9337
馬新發行所　城邦（馬新）出版集團／電話：603-9056-3833／傳真：603-9057-6622
印 製 廠　中原造像股份有限公司
初　　版　2022 年 3 月
定　　價　新台幣 485 元／港幣 162 元（紙本平裝）
　　　　　新台幣 340（電子書）
I S B N　978-986-262-534-7（紙本平裝）
　　　　　978-986-262-536-1（電子書 EPUB）

讀者意見信箱　owl@cph.com.tw
投稿信箱　owl.book@gmail.com
貓頭鷹臉書　facebook.com/owlpublishing

【大量採購，請洽專線】(02) 2500-1919

城邦讀書花園
www.cite.com.tw

國家圖書館出版品預行編目資料

天真的目擊者：二次大戰的孩子們最後的回憶錄／瑪莉蓮・亞隆（Marilyn Yalom）著；劉卉立譯．-- 初版．-- 臺北市：貓頭鷹出版：英屬蓋曼群島商家庭傳媒股份有限公司城邦分公司發行，2022.03
面；　公分．--（貓頭鷹書房；65）
譯自：Innocent witnesses: childhood memories of World War II
ISBN 978-986-262-534-7（平裝）

1. CST: 第二次世界大戰　2. CST: 回憶錄
3. CST: 兒童　4.CST: 歐洲

712.847　　111000108